DARC-3

장애예술인
고용지원제도 연구

장애예술인 욕구에 기반한 정책 개발하는
장애인예술연구소
Disabled Arts Research Center

장애예술인 욕구에 기반한 정책 개발하는
장애인예술연구소
Disabled Arts Research Center

장애인예술연구소

- **소장** **방귀희** 숭실대학교 사회복지대학원 겸임교수
- **연구위원**
  - 문학/ **차희정** 경희대학교 후마니타스칼리지 외래교수, 문학평론가
  - **박옥순** 숭실사이버대학교 방송문예창작학과 외래교수, 아동문학가
  - 미술/ **박현희** 성산효대학원대학교 예술융합학과 교수, 서양화가
  - **김미경** 홍익대학교 미술대학 교수, 서양화가
  - 음악/ **전소영** 협성대학교 에이블아트 · 스포츠학과 교수, 서초한우리오케스트라 음악감독
  - **김지현** 가톨릭대학교 음악과 겸임교수, 코리안컬쳐리더스 대표
  - 무용/ **이미경** 한국파릇하우스 대표
  - **홍혜전** 서원대학교 체육예술대학 교수, 홍댄스컴퍼니 대표
  - 연극/ **강보름** 연극 연출, 접근성 매니저
  - 영화/ **유수현** 숭실사이버대학교 방송문예창작학과 외래교수, 영화감독
- **보조연구원/ 이랑서** 경희대학교 일반대학원 예술경영 전공 박사과정

DARC-3

장애예술인 고용지원제도 연구

「장애예술인지원법」 제11조에서 규정하고 있는 장애예술인 고용지원을
어떻게 실행할 것인지 그 방안을 마련하기 위한 연구를
장애인예술연구소에서 진행하여 그 결과를 발표합니다.

2024년 1월

장애인예술연구소

좋은 예술로 좋은 세상 만들기

톨스토이는 1889년 발표한 「예술이란 무엇인가」를 통해 '좋은 예술'은 귀족들만의 계급 중심 · 일방향적 · 무대 중심 · 결과 중심적 예술이 아닌 평등주의적 · 쌍방향적 · 생활권(문화권) 중심 · 과정 중심적 예술이라고 주장하였다.

톨스토이의 사상은 상상이 아니라 자신의 생활권 안에서 이웃들과 함께 직접 '앎'과 '예술'을 나누고 누리는 과정을 통해 더 많은 사람에게 공공의 선(善)을 확장시켜 나가는 것을 '좋은 예술'로 명명하였고, 예술은 신(神)이 내려 주신 재능을 이웃과 함께 평등하게 나눔으로 생활 속에서 선을 이루어 내는 예술이 '미래 예술'이 될 것이라고 예술의 방향을 선언하였다.

그렇다면 오늘을 사는 우리들은 평등주의적이고 쌍방향적 소통을 통해 선함을 만들어 내는 예술을 하고 있어야 하는데 우리는 여전히 예술 권력이 형성되어 주류 예술과 아웃사이더 예술(Outsider art)이 존재한다.

바로 이 아웃사이더 예술에 장애예술인이 있다.

사회적 포용은 평등에 뿌리를 두고 있어서(Anthony Giddens, Philip W. Sutton, 2018) 톨스토이가 주장한 좋은 예술이 되기 위해서는 예술 분야의 평등이 이루어져야 한다. 그래서 예술에서의 사회적 포용은 문화적 다양성에 대한 인정에서 시작되며 예술은 문화적 평등을 이루는데 가장 강력한 도구이다.

포용적 예술의 이론을 만든 영국은 영국예술위원회에서 장애인예술을 '모두를 위한 위대한 문화예술(Great arts and culture for everyone)'로 천명하였다. 그래서 사회적 리더는 문화예술에서 평등과 다양성을 증진하려는 의지를 갖고 있어야 한다고 하였다.

예술에서의 문화다양성을 인정하여 문화적 평등을 이루어야 좋은 예술이 된다는 것에 동의하지 않을 사람은 없을 것이다. 이런 좋은 예술을 위해 장애예술인의 창작 활동이 안정적인 경제생활을 유지할 수 있도록 해 주어야 한다. 그래서 필자는 「장애예술인지원법」 제11조(장애예술인 고용지원)이 일상화되기를 바란다.

기업에서 장애예술인을 전속 예술인으로 고용하여 예술 활동을 지원하고, 기업의 PPL광고에 장애예술인 작품을 사용할 것을 제안한다.

요즘 소비자는 상품을 보고 구매하는 것이 아니라 기업 이미지를 보고 상품 구매를 결정하기 때문에 기업에서 장애예술인을 고용하면 고용부담금을 내지 않는 기업이 되면서 좋은 이미지를 구축하여 소비자의 선택을 받을 수 있을 것이다.

톨스토이가 말했듯이 좋은 예술로 좋은 세상을 만드는 것이 오늘을 사는 사람들이 해야 할 과제인 듯싶다.

2024년 새해에

장애인예술연구소 소장 방 귀 희

목차

Disabled Arts Research Center

표 목차

그림 목차

제1장

서론

제1절 연구의 배경

미국의 대통령 존 F 케네디는 '미국의 미래를 여는 열쇠는 장애인복지에 달려 있다.'고 하며 장애인복지에 관심을 쏟았다. 그 당시 장애인들이 외친 구호는 '세금을 내는 국민이 되고 싶다.'는 것이었는데 이것으로 장애인이 원하는 것은 일자리 즉 직업을 갖는 것임을 알 수 있다.

장애예술인이 원하는 것도 예술 활동이 직업이 되어 안정적으로 창작을 하는 것이다. 우리나라의 장애인예술은 2020년 「장애예술인 문화예술 활동 지원에 관한 법률」(약칭 장애예술인지원법)이 제정되면서 본격적으로 시작되었다.

이에 따라 2022년 9월에 발표된 '제1차 장애예술인 문화예술 활동 지원 기본계획'은 5개 추진전략, 10대 정책과제로 구성되어 있는데 두 번째 추진전략이 장애예술인 일자리 등 자립기반 조성으로 10대 정책과제 2-1. 공공 영역의 일자리 확대, 2-2. 민간 영역의 일자리 확대이다.

'2021년 장애예술인예술활동실태조사'에 의하면 고용 상태가 불안정하여 경제적으로 어려움을 겪고 있는 것으로 나타났다.

–장애예술인 취업형태 정규직 6.1%

장애예술인의 고용 형태는 1인자영업, 임시직, 시간제가 90.3%로 매우 불안정 고용 상태이다. 정규직 6.1%, 고용원이 있는 자영업 3.5%로 안정적인 고용 상태는 9.6%에 지나지 않는다.

–문화예술 활동 수입은 월 18만 원

장애예술인 가구 수입은 2020년 3,215만 원으로 2019년 기준 연평균 장애인 가구 수입 4,246만 원의 75.7%에 지나지 않는다. 가구 수입 중에서 문화예술 창작 활동 수입은 연 218만 원으로 전체 수입의 6.8%에 불과하다.

이렇듯 열악한 장애예술인 고용문제를 해결하기 위해 「장애예술인지원법」 제11조에 장애예술인 고용지원을 규정하고 있어서 본 연구에서는 장애예술인 고용지원제도를 어떻게 실행할 것인지 그 방안을 제시하고자 한다.

제2절 연구 방법

초점집단 연구로 초점집단을 대상으로 인터뷰(Focus Group Interview: FGI)와 장애예술인을 고용하고 있는 기업의 실무자들과 간담회를 진행하였다.

• 장애예술인 FGI

−목적: 장애예술인 당사자가 장애예술인 고용지원제도로 취업을 하는 데 발생하는 어려움은 무엇인지 알아보고, 장애예술인들이 원하는 취업 방향을 탐색하여 합리적인 장애예술인 고용지원제도를 마련한다.

−대상자: 〈2022장애예술인수첩〉에 수록된 장애예술인 중 예술 장르별(문학, 미술, 음악, 대중예술)로 2명씩 8명을 선정하였다.

−실시 방법: 2023년 8월 21일 오후 2시부터 6시까지 시각예술(문학, 미술)과 공연예술(작곡, 싱어송라이트 무용, 연극)로 나누어 각 2시간씩 대면 라운드테이블 형식으로 진행하였다.

−내용: 「장애예술인지원법」 제11조(장애예술인 고용지원)에 따라 아래와 같은 연구 질문을 통해 장애예술인 당사자들이 원하는 장애예술인 고용지원제도의 실행 방안을 모색한다.

연구 질문 1 어떤 고용 형태로 실시 되기를 원하는가.
연구 질문 2 근무 성과물은 어떤 형태로 제출할 것인가.
연구 질문 3 이 제도가 발전하기 위한 개선점은 무엇인가.

• 장애예술인 고용기업 간담회

장애예술인 고용을 실시하고 있는 기업의 의견을 듣기 위해 '장애예술인 고용지원제도 시행방안 연구 간담회'를 2023년 10월 20일(금) 오후 3시부터 5시까지 2시간 동안 진행하였다.

이 간담회에는 총 9명이 참가하였으나 5명은 토론에 참여하였고, 나머지 4명은 참관인 자격으로 토론 중간중간 실무자로서의 내용 보완만 하였기에 본 연구에서는 5명의 토론자를 대상으로 라운드테이블을 진행하였다.

- 장애예술인 고용을 현재 어떻게 실시하고 있는가.
- 시행에 어떤 어려움이 있는가.
- 고용을 촉진하기 위해 어떤 지원이 필요한가.
- 장애예술인 고용을 확장하기 위한 방안은 무엇인가.

토론자들은 장애예술인 고용 경험을 소상히 소개하면서 장애예술인 고용에 어떤 어려움이 있는지 솔직히 털어놓았고, 장애예술인 고용지원제도가 안착하기 위해 필요한 보완점을 제시하면서 장애예술인 고용을 활성화하기 위한 제안으로 마무리를 하였다. 토론을 마치고 나서 앞으로 서로 소통하면서 장애예술인 고용을 돕겠다는 의지를 밝혔다.

제2장

선행 연구

제1절 장애인고용할당제

1. 장애인노동권 확보

직업은 사람들에게 생계수단 이상의 의미를 가지고 있다. 때문에 자신의 생존에 대한 자부심과 자기 성취를 도모하는 수단이 된다. 그러므로 근로는 사회 발전의 원동력이며 인간 생활의 핵심을 이루고 있다(차종성, 1995). 현대사회에서 직업은 경제적인 수입의 원천일 뿐 아니라 생산적인 활동을 통해 도전하게 하고, 성취감을 가지게 하고, 개인적인 만족감과 전문적인 성장을 가져다 준다(Duncan, Peterson, 2007). 그래서 직업은 모든 사람들에게 중요하다.

장애인이 인격적이고 사회적인 존재로 사회구성원으로 인정받기 위해서는 취업의 기회를 제공해 줌으로써 장애인 개인의 존엄을 높이고 장애인 가족의 기능을 회복시킬 뿐 아니라 가족구성원의 생활능력을 발휘하게 하는 효과가 있다(한태림, 1992). 또한 사회적 존재로서 지위를 확보하고 사회의 공동 일원으로 역할을 할 수 있는 기반을 마련할 수 있다.

이렇듯 장애인에게 취업 기회를 부여하는 것은 장애인 개인의 존엄을 높이고 장애인 가족의 안정을 가져오며 더 나아가 사회에 기여하는 효과가 있다. 취업은 빈곤 문제를 해결하고 사회 통합의 기회가 된다.

그런데 '2020년 장애인경제활동실태조사'에 의하면 장애인 경제활동 참가율이 37.0%로 10명 중 3~4명만 노동을 통해 수입이 발생하고 있는 실정이다. 장애인은 취업이 되었다 해도 노동 환경이 열악한 2차 노동시장에서 일하고 있어서 취업 장애인의 월 평균임금이 전체 노동자 평균임금의 50%에도 미치지 못하고 있다(유동철, 2017).

기업이 장애인고용을 기피하는 것은 생산성이 떨어진다는 것이 가장 큰 이유였지만 그것은 장애인에 대한 편견에서 비롯되었다. 작업 환경이 비장애인에 맞도록 설계되어 있어서 장애인은 작업장 접근부터 어려움을 겪고 있다.

이런 작업 환경과 차별 인식 속에서 장애인의 노동권을 확보하기 위해 전 세계가 노력하고 있다. 노동시장 전략은 크게 두 가지이다. 하나는 경쟁노동시장에서 장애인의 고용을 확대하는 것이고, 또 다른 하나는 보호된 노동시장을 형성하는 것이다.

우선 일반 경쟁노동시장에서 장애인고용을 확대할 수 있는 방법은 고용할당제, 장애인차별금지, 고용평등 프로그램이 있다. 고용할당제는 사회가 집합적으로 책임을 져야 한다는 철학으로 프랑스, 독일, 스페인, 일본 등에서 주로 채택하고 있고, 장애인차별금지는 개인의 노동권 보장이라는 개별적 접근 원칙으로 미국, 영국, 호주, 캐나다, 필리핀 등에서 실시하고 있다. 그리고 고용평등 프로그램은 장애인의 고용 장벽이 고용조직에 있다고 판단하고 고용조직 자체에 대한 포괄적 접근인데 캐나다, 영국, 프랑스, 호주 등에서 활용하고 있다.

우리나라는 고용할당제를 택하여 1991년부터 「장애인 고용촉진법」이 시행되면서 장애인고용할당제가 실시되고 있으나 법률에서 규정했던 장애인의무고용률 2%를 달성한 것은 20년이 지난 2010년이었다. 2019년에 장애인의무고용률이 3.1%로 상향 조정되었고, 2022년 의무고용률은 국가와 공공기관은 3.6%, 민간기업은 3.1%이다.

보호노동시장은 장애인에게 특정 직종을 할당하는 유보고용[1]과 장애인근로자들이 일할 수 있는 작업 환경을 만들어서 운영하는 보호작업장 같은 보호고용이 있으며, 일반사업장에서 근무를 하지만 직무지도원을 배치해서 지속적인 직업서비스를 제공하는 지원고용이 있다.

2. 법적 근거

1990년 1월 「장애인 고용촉진 등에 관한 법률」이 제정되었고, 수차례 일부 개정이 되다가 2000년 1월 전부 개정되면서 「장애인 고용촉진 및 직업재활법」으로 명칭이 변경되었다. 이후로도 일부 개정이 여러 차례 이루어졌는데, 법 규정에서 장애예술인 고용지원에 적용되는 내용을 살펴보면 다음과 같다.

• 장애인 능력에 맞는 취업

제5조(사업주의 책임)

① 사업주는 장애인의 고용에 관한 정부의 시책에 협조하여야 하고, 장애인이 가진 능력을 정당하게 평가하여 고용의 기회를 제공함과 동시에 적정한 고용관리를 할 의무를 가진다.

② 사업주는 근로자가 장애인이라는 이유로 채용·승진·전보 및 교육훈련 등 인사관리상의 차별대우를 하여서는 아니 된다.

---

1) 안마사는 시각장애인만이 할 수 있는 유보고용(reserved employment)으로 지정되어 운영하고 있다.

제10조(직업지도)

① 고용노동부 장관과 보건복지부 장관은 장애인이 그 능력에 맞는 직업에 취업할 수 있도록 하기 위하여 장애인에 대한 직업 상담, 직업 적성검사 및 직업 능력평가 등을 실시하고, 고용정보를 제공하는 등 직업지도를 하여야 한다.

② 고용노동부 장관과 보건복지부 장관은 장애인이 그 능력에 맞는 직업 생활을 할 수 있도록 하기 위하여 장애인에게 적합한 직종 개발에 노력하여야 한다.

직업을 선택할 때 구직자의 능력과 선호도가 최우선적으로 고려되듯이 장애인도 능력에 맞는 직업을 선택할 수 있도록 직종을 개발해야 한다. 능력에 맞는 직업에 예술이 포함된다.

• 장애인의무고용률

제28조(사업주의 장애인 고용의무)

① 상시 50명 이상의 근로자를 고용하는 사업주(건설업에서 근로자 수를 확인하기 곤란한 경우에는 공사 실적액이 고용노동부 장관이 정하여 고시하는 금액 이상인 사업주)는 그 근로자의 총수(건설업에서 근로자 수를 확인하기 곤란한 경우에는 대통령령으로 정하는 바에 따라 공사 실적액을 근로자의 총수로 환산한다)의 100분의 5의 범위에서 대통령령으로 정하는 비율(이하 "의무고용률"이라 한다) 이상에 해당(그 수에서 소수점 이하는 버린다)하는 장애인을 고용하여야 한다.

② 제1항에도 불구하고 특정한 장애인의 능력에 적합하다고 인정되는 직종에 대하여는 장애인을 고용하여야 할 비율을 대통령령으로 따로 정할 수 있다. 이 경우 그 비율은 의무고용률로 보지 아니한다.

③ 의무고용률은 전체 인구 중 장애인의 비율, 전체 근로자 총수에 대한 장애인 근로자의 비율, 장애인 실업자 수 등을 고려하여 5년마다 정한다.

사업주가 고용해야 할 장애인의무고용률이 정해져 있기 때문에 기업은 장애인을 고용하기 위한 노력을 하고 있는데, 이제 장애예술인 고용도 그 의무고용률에 포함시켜야 한다.

• 장애인고용부담금

제32조의2(국가와 지방자치단체 등의 장애인고용부담금의 납부 등)

① 제27조 제6항 각 호에 따른 기관 중 같은 조 제1항에 따른 의무고용률에 못 미치는 장애인 공무원을 고용한 기관의 장은 매년 고용노동부 장관에게 장애인고용부담금(이하 "부담금"이라 한다)을 납부하여야 한다.

제33조(사업주의 부담금 납부 등)

① 의무고용률에 못 미치는 장애인을 고용하는 사업주(상시 100명 미만의 근로자를 고용하는 사업주는 제외한다)는 대통령령으로 정하는 바에 따라 매년 고용노동부 장관에게 부담금을 납부하여야 한다.

② 부담금은 사업주가 의무고용률에 따라 고용하여야 할 장애인 총수에서 매월 상시 고용하고 있는 장애인 수를 뺀 수에 제3항에 따른 부담기초액을 곱한 금액의 연간 합계액으로 한다.

장애인의무고용률을 지키지 못하면 사업주는 벌금 성격의 고용부담금을 납부해야 하기 때문에 고용부담금이 계속 쌓이고 있다. 이것은 「장애인 고용촉진법」 취지에 맞지 않기 때문에 장애예술인 고용으로 부담금을 낸 기업에서 벗어나야 한다.

3. 제6차 장애인 고용촉진 기본계획

정부는 대기업 등의 중증·발달장애인 일자리 확대에 기여해 온 자회사형 표준사업장 설립을 활성화할 계획이다. 발달장애인의 비중이 증가하는 등 노동시장 변화에 따라 전통적 정책 수단으로는 한계가 있다는 판단에 따른 것이다. 「공정거래법」상의 규제를 완화하여 지주회사 체제의 대기업 집단이 자회사형 표준사업장을 보다 쉽게 설립할 수 있도록 할 계획이다.

제6차 장애인 고용촉진 기본계획(2023~2027)을 통해 정부는 장애인에게 더 많은 고용기회를 제공하기 위한 여러 가지 방안을 제시하였다.

일반 표준사업장의 중증장애인고용 창출을 위해 연계고용을 국가·지자체·교육청으로 확대하고, 기업이 채용을 전제로 한 직업훈련에 대해 부담금 감면 등 혜택을 제공하는 고용기여 인정제도 도입도 추진한다.

장애인고용이 저조한 기업에 대한 확실한 고용의무 준수를 위해 의무불이행 기업에 대한 명단공표 기준을 강화하고, 2025년까지 의무고용률 3.1% 미만인 500인 이상 기업에 고용컨설팅 제공과 적합직무 보급도 확대할 계획이다.

제6차 장애인 고용촉진 기본계획에 따르면 기업이 장애인 고용의무를 반드시 지키도록 하겠다는 의지가 강하다. 그래서 적합직무 보급 계획을 밝혔는데 적합직무에 예술 분야가 반드시 포함되어야 한다.

비전 —	**장애인 누구나 원하는 일자리에서 근무하는 노동시장**

▲

정책 목표 —	**장애인 고용의무 이행수단을 다양화**하여 의무고용 사업체의 **의무준수 비율을 높이고,** 디지털 훈련인원 확대, 통합고용플랫폼 구축 등 장애인 대상 **적극적 노동시장 정책을 강화**하겠습니다.

▲

추진 과제 —

새로운 장애인 고용기여 방법 확대	장애인 고용의무의 확실한 이행 지원
1. 표준사업장 신규 설립, 규모화 지원 2. 장애인 고용기여 시 인센티브 강화	1. 장애인 고용저조 부문 집중 관리 2. 명단공표 강화 및 정보공시 추진 3. 장애인 고용사업주 지원 확대 4. 공공부문 장애인 채용확대 제도정비
장애인 대상 적극적 노동시장 정책 강화	장애인이 일하기 편한 일터 조성

1. 이력관리 기반의 개인별 고용지원
   체계 구축
2. 대상별 특화서비스 제공
3. 미래사회 직업훈련 강화
	1. 장애인 근로자 인적 · 물적 지원 확대
	2. 장애인 고용여건 조성
	3. 장애인 공무원 지원 확대,
	   인사제도 개선 추진

[그림1] 제6차 장애인 고용촉진 기본계획

제2절 장애인체육 선수 고용

1. 장애인 운동선수 취업 현황

김진옥, 박창범, 임수원(2003)은 많은 장애인 운동선수들이 생계를 위해 직장 생활과 운동을 병행하면서 어려움을 겪고 있는데, 이것이 장애인 스포츠 발전에 저해가 되고 있다. 따라서 국가와 지방자치단체 등이 나서서 장애인 운동선수들이 마음껏 운동할 수 있는 제반 사회적 여건을 마련해 주어야 한다.

대한장애인체육회 선수등록 시스템(2023. 7) 등록선수 수는 전국적으로 14,895명으로 집계되고 있다. 대한민국의 모든 장애인 운동선수는 선수등록을 마쳐야 공식적인 경기에 참가가 가능하다. 선수는 스포츠 등급만 받으면 경력에 상관 없이 선수등록을 할 수 있고, 매년 재등록을 해야 하며, 전학/이적 등의 변경사항이 있을 때에도 재등록을 해야 한다.

장애인 운동선수의 취업 연계 방식은 기업에 개인으로 취업하는 것과 기업 소속 장애인 실업팀으로 근무하는 두 가지 방식이 있다. 개인 취업은 4시간 근무를 지도자 없이 개인적으로 훈련을 하고 봉급을 받는다. 실업팀으로 근무를 하면 감독이나 코치의 지도를 받으며 제대로 훈련을 할 수 있는 장점이 있다. 취업이 된 선수는 경제적으로 안정된 상태에서 운동을 꾸준히 할 수 있어서 좋다. 기업은 홍보 효과가 있을 뿐 아니라 장애인고용부담금을 납부하지 않아서 좋다.

정부공개포털을 통해 한국장애인고용공단에서 받은(2021. 07. 21) '장애인고용업무 시스템'에 등록된 취업자 중 직종이 운동선수로 등록된 2022년 장애인 운동선수 취업 현황은 〈표1〉과 같다.

〈표1〉 2022년 장애인 운동선수 취업 현황

구분	대기업	중소기업	총합계
강원	0	7	7
경기	74	68	142
경남	8	30	38
경북	0	18	18
광주	12	0	12
대구	4	24	28
대전	0	3	3
부산	1	8	9
서울	55	51	106
울산	12	12	24
인천	0	30	30
전남	3	20	23
전북	13	11	24
제주	6	4	10
충남	2	2	4
충북	17	26	43
총합계	207	314	521

* 장애인고용업무 시스템 등록 취업자만 포함하므로, 전체 장애인고용현황을 대표하지 않음

장애인 운동선수로 기업에 취업이 된 사람은 521명으로 대기업이 39.7%, 중소기업이 60.3%로 대기업이 적었으며, 지역별로 보면 경기도가 141명으로 가장 많았고 대전시는 3명으로 가장 적었다. 서울·경기의 취업자 수가 전체의 47.6%로 절반에 가까웠으며 강원, 대전, 부산, 충남은 10명 미만으로 지역 편차가 매우 큼을 알 수 있다.

2. 장애인 운동선수 실업팀

장애인 실업팀은 8시간 정시근무를 운동으로 수행하는데 지도자가 있어서 체계적으로 훈련을 받을 수 있다. 하지만 팀이기 때문에 성적에 부담을 갖게 된다. 역시 기업은 홍보 효과가 크고 당연히 장애인고용부담금도 내지 않게 된다. 현재 대한장애인체육회가 파악 장애인 실업팀은 110여 개이다.

대한장애인체육회는 한국장애인고용공단과 '장애인 스포츠 선수 고용증진 협약'을 통해 장애인 스포츠 선수의 일자리 창출을 위한 지원 방안을 마련하고, 참여 기업은 장애인 스포츠 선수 고용을 통한 안정된 훈련 환경을 제공하고, 우수선수를 발굴 육성하여 장애인의무고용률을 높이는데 적극적으로 노력하고 있다.

스포츠에 발을 들여놓았지만 운동보다는 생계가 우선이기 때문에 좋은 선수이지만 운동을 포기하게 되는 경우가 많다. 취업이 된 경우는 운동과 직업 활동을 병행하는 문제로 대회에 참여하기 위한 컨디션 유지에 어려움이 있다.

그래서 운동으로 근무가 인정되는 취업의 기회를 제공해 주는 것이 경기력 향상에 직접적인 영향을 준다(한태림, 1992). 장애인 운동선수들은 일반 실업팀과 같이 운동에만 전념할 수 있는 장애인 실업팀을 원한다(박승재, 2011). 자기가 좋아하는 운동을 하며 직업을 가질 수 있다는 것에 대한 행복함이 있고, 소속감이 생기자 심리적으로 안정되고 주위 사람들의 시선이 달라짐을 느낀다(조혜정, 2022).

장애인 운동선수들의 취업 연계가 원활히 이루어지면 장애인 운동선수들은 경제활동에 대한 부담 없이 꾸준히 운동에 매진함으로서 건강증진 및 사회성 그리고 자아 존중감, 목표의식 등을 함양시킬 수 있다. 이를 통해 좋은 성적까지 이끌어 낼 수 있기에 운동선수의 취업 연계가 중요한데, 취업의 기회가 적고 취업이 됐다 하여도 계약직이라서 계약 종료에 대한 불안감이 크다.

제3절 장애예술인 고용

1. 장애예술인 일자리

「헌법」제32조에 '모든 국민은 근로의 권리를 가진다.'고 규정되어 있듯이 근로는 권리이다. 따라서 장애인에게 다른 사회구성원과 동등하게 일할 기회를 보장해야 하기에 국가와 지방 자치단체는 장애인이 일할 수 있는 적절한 일자리를 만들고, 이에 진입시키기 위한 정책을 효과적으로 추진해야 할 책임이 있다.

그래서 「장애인 고용촉진 및 직업재활법」제3조에 '국가와 지방자치단체는 장애인의 고용 촉진을 꾀하기 위하여 필요한 시책을 종합적이고 효과적으로 추진하여야 한다.'고 규정하고 있다.

실제 한국장애인개발원은 2020년 시범사업을 통해 문화예술 활동을 장애인 일자리 신규 직 무로 개발하여 2021년 공식적인 장애인복지 일자리 직무로 선정하였다. 이제 문화예술 활동 자체가 당당한 직무이자 근로로 인정된 셈이다.

이렇듯 장애인의 문화예술 분야의 직업적 진출이 가시화됨에 따라 새로운 일자리로 문화 예술이 떠오르고 있다. 문화예술은 잠재력을 발현하고, 자기 역량을 강화시켜 사회 구성원 으로서 주체적인 삶을 살아가는데 긍정적 효과를 미치기에 장애예술인들의 창작 활동이 그 어느 때보다 활발해지고 있다. 그리고 기업은 예술인 지원을 사회적 가치 실현의 좋은 모델로 인식하고 있으며 앞으로 장애예술인 고용으로 확산될 전망이다.

한국장애예술인협회에서 발간하는 『E美지』 13호(2019년 가을호)에 실린 '장애인예술 일자 리 가능하다'의 내용을 소개한다.

1) 기업 형태
• 한마음 일자리
-운영 주체: 주식회사 와이즈와이어즈는 소프트웨어 테스트 전문기업이다. 2013년 '한마음 일자리'를 신설하여 장애인화가를 고용하는 형식으로 장애인의무고용률을 이행하고 있다.

－운영 방식: 작가를 선정하는 방법은 이메일로 작가와 작품을 소개할 수 있는 포트폴리오 형식의 문건을 받아서 검토를 하는데 작가 인지도가 아닌 예술에 대한 열정을 가지고 노력하는 화가들을 대상으로 선정하고 있다.

작가는 매달 10호 이상의 작품을 회사에 납품하고 회사와 저작재산권양도계약서를 작성하며 회사는 작가에게 매월 활동비와 재료비 그리고 액자비를 지원한다. 작가에게 매월 지급되는 내용은 개인에게만 공유되는 사항이다. 계약 기간은 1년이고 최대 2년까지 가능하다.

－일자리 효과: 10년 동안 꾸준히 장애미술인을 고용하여 장애예술인 고용의 성공 사례가 되고 있다.

• 국민드림예술단
－운영 주체: 국민일보가 2019년 언론사상 최초로 발달장애인 국민드림예술단을 창단하였다.

－운영 방식: 발달장애 청년 음악인 5명을 직접 고용하는 방식으로 2019년 한국장애인고용공단과 고용증진협약을 맺고 사업을 본격적으로 실시하였다.

단원들은 하루 4시간 주 5일 근무를 하며 월급을 받고 있다. 예술강사가 주 2회 지도해 주고 있는데 인천광역시 장애인복지과는 장애인 직업 창출을 위해 예술강사를 지원하는 등 지속 가능한 협력 모델을 마련해 가고 있다.

－일자리 효과: 국민드림예술단은 국민일보 행사에 참여하는 등 다양한 공연 활동을 펼치고 있다.

• 디스에이블드
－운영 주체: 발달장애예술인 전문 에이전시 역할을 하기 위해 2016년 장애인예술을 지식 기반으로 하는 소셜벤처기업으로 디스에이블드를 창업하고, 2017년 예비사회적기업으로 정부 지원을 받으면서 운영을 하다가 지금은 자생을 하고 있다. 2019년부터 장애예술인을 고용하였다.

–운영 방식: 예술성을 인정받은 정상급 발달장애예술인을 포함하여 총 100여 명의 작가가 소속되어 활동 중이다. 자체 생산, R&D상품을 통해 발달장애예술인들의 작품이 녹아 있는 상품을 판매하여 수익의 30%는 작가들에게 돌아가도록 하여 지속적인 예술 활동의 기반을 마련해 주고 있다.

핸드폰케이스와 보조배터리, USB, 파우치, 골프공, 자체 개발 상품 등에 발달장애예술인 작품을 입힌 상품을 제작하여 사용자가 일상생활 속에서도 작가들의 작품을 볼 수 있다.

–일자리 효과: 판매 수익의 30%가 발달장애예술인에게 지급되고 있고, 작품수가 3천여 점 이어서 판매량에 따라 일자리 효과가 발생한다.

2) 사회적기업 형태

• 하트시각장애인체임버 오케스트라

–운영 주체: 시각장애음악인들로 구성된 세계 유일의 오케스트라인 하트시각장애인체 임버오케스트라를 2007년에 결성하여 활동하다가 2014년도에 문화부 사회적협동조합 1 호로 법인을 받았다.

–운영 방식: 국고인 정부보조금으로 장애인 단원 12명에게 매월 훈련 수당을 지급하고 있 다.

–일자리 효과: 현재 시각장애인 12명과 비장애인 8명 모두 20명이 활동하고 있다. 지금까지 500여 회에 이르는 공연을 해 왔다. 레퍼토리도 200곡 이상 확보하여 무대 성격에 따라 다양 한 연주가 가능하다.

• 드림위드앙상블

–운영 주체: 국내 최초 발달장애청소년들로 구성된 앙상블로 2015년 문화부 사회적협동조 합 인가를 받았다. 발달장애인을 전문연주자로 성장시켜 일자리를 창출하고 직업인으로서 의 역할을 하고 있다.

–운영 방식: 하루 5시간 연습을 하는 것이 근무 조건으로 발달장애음악인 9명에게는 월급

이 지급된다.

-일자리 효과: 공연 활동과 함께 각 학교 학생들을 대상으로 장애 인식개선 교육을 실시하여 출연료와 강사료를 받고 있다.

• 얼쑤
-운영 주체: 2014년 발달장애전통문화예술단을 임의단체로 창단했고, 얼쑤로 개명하여 2017년 사회적협동조합 인가를 받은 후 2018년 부처형 고용노동부 예비사회적기업으로 지정받았다.

-운영 방식: 얼쑤의 발달장애 단원은 총 18명인데 그 가운데 6명을 직원으로 고용하였다. 고용되지 않은 단원들은 다른 직장에 다니며 연습과 공연에만 참석한다.

-일자리 효과: 얼쑤는 한 달 기준 평균 4회의 공연을 하고 있다. 주로 요양원과 학교에서 공연을 한다.

• 한국장애인국제예술단
-운영 주체: 2008년에 한국장애인국제예술단을 창단하여 2011년 서울형 사회적기업 인증을 받았다.

-운영 방식: 월 일정 급여를 받는 단원은 5명이다.

-일자리 효과: 다양한 콘텐츠로 한국장애인국제예술단은 공연 요청을 많이 받고 있다.

• 스페셜아트
-운영 주체: 2015년 예비사회적기업으로 설립된 스페셜아트는 장애인이 주체적인 창작자로서 성장할 수 있게 작가 매니지먼트와 전시 기획에 주력하고 있다.

-운영 방식: 모 은행 지주회사에서 발달장애미술인 10명을 고용해서 작가에게 월 일정 금

액을 지원하고 있다.

-일자리 효과: 월급을 받기 때문에 일자리 효과가 있다.

• 뉴딘파스텔 골프존파스텔합창단
-운영 주체: 골프존뉴딘그룹이 사회공헌 활동의 일환으로 설립한 계열사 (주)뉴딘파스텔에서 2017년 국내 최초로 장애인 직업합창단을 창단하고 2018년 장애인표준사업장 인증을 받았다.

-운영 방식: 단원들은 지휘자와 반주자의 지도를 받으며 월요일부터 목요일까지 오후 1시부터 5시 30분까지 합창 연습을 하는 것이 근무이다.

-일자리 효과: 합창단이기 때문에 단원 수에 제한 없이 확장이 가능하고 특별한 재능이 없어도 연습을 통해 합창 단원으로 활동할 수 있어서 일자리 확대가 수월하다.

3) 산하 예술팀(단)
• 다소니체임버 오케스트라
-운영 주체: 광명시장애인종합복지관에서 2008년 앤젤체임버 오케스트라를 창단하여 활동하다가 2011년 다소니체임버 오케스트라단으로 명칭을 변경하였다.
2013년 다소니체임버 오케스트라는 복지 일자리사업으로 시작하여 2018년 국고보조금 일자리사업으로 선정되어 2019년 광명시비 지원을 받고 있다.

-운영 방식: 청년장애인 15명(발달장애와 시각장애)이 단원으로 활동하고 있다. 악기 구성은 바이올린, 비올라, 첼로, 클라리넷, 색소폰, 드럼, 피아노이다.
주 20시간 탄력근무제로 보건복지부 장애인 일자리사업(시간제)의 임금에 준한 월급을 지급하고 있다(1시간당 통상임금은 당해연도 최저임금에 준함). 4대 보험(국민연금, 건강보험, 고용보험, 산업재해) 가입 의무와 12개월 이상 근무한 근로자에게는 퇴직금이 지급된다.
근로자 근무관리는 광명장애인종합복지관이 맡고 급여 및 사업비는 광명시가 지원하는 형태이다.

-일자리 효과: 장애예술인들이 안정적으로 근무를 하며 음악 활동을 하고 있다.

• 서초한우리오케스트라

-운영 주체: 서초한우리정보문화센터에서 2017년 창단하였으며 음악에 특기가 있는 발달장애음악인들이 직업 연주자로 고용되어 연주 활동을 하고 있다.

-운영 방식: 2019년 모기업에서 직접고용 형태로 중증발달장애인 단원 25명과 경증장애인 관리 인력 1명을 채용하여 직업 연주자로 근무하고 있다.

주 5일 근무로 근무 시간은 평일 13:00~17:00(4시간)로 개별악기 연습과 합주 연습을 하고 공연이 있을 때는 근로 시간을 변경한다.

2019년 최저 시급을 기준으로 책정된 급여가 매월 지급되고 주휴수당과 4대 보험에 가입된다. 2년 근로계약 후 무기근로계약으로 전환된다.

-일자리 효과: 단원의 무기근로계약으로 안정적인 직장 생활이 가능하다.

* 서초한우리정보문화센터에서는 장애미술인을 위해 전시와 창작공간을 지원하고 있다. 발달장애미술인 아트상품 개발을 지원하여 저작권 계약을 통해 작가별 저작권료를 지급한다. 창작공간은 1년 계약이고 재계약도 가능하다.

• 비바체임버앙상블

-운영 주체: 장애인먼저실천운동본부에서 실시한 음악 캠프 '뽀꼬아뽀꼬'를 통해 양성된 발달장애음악인들이 전문연주자로 활동할 수 있는 기회를 마련해 주기 위해 비바체임버앙상블을 2015년에 창단하였으며, 단원은 오디션을 통해 선발하고 있다.

-운영 방식: 단원은 한 달에 두 번씩 연습을 진행하고 심화연습과 마스터클래스를 통해 기량을 향상시키고 있다. 총 3회의 정기연주회와 국내외 다양한 초청 공연을 하고 있다. 비바체임버앙상블 사업비는 삼성화재에서 지원하고 있는데 단원에게 매월 훈련 수당을 지급하고 있다.

-일자리 효과: 삼성화재는 단원을 고용한 형태가 아니고 비바체임버앙상블 운영을 지원하

고 있다.

• 하트하트오케스트라

–운영 주체: 하트하트재단에서 발달장애인의 음악적 재능을 발굴하여 사회참여 기회를 마련해 주기 위해 2006년 국내 최초의 발달장애인 오케스트라를 창단하여 1,000여 회의 국내외 공연을 하였다.

–운영 방식: 2019년 발달장애인 연주자 10명을 세종병원에서 직접 고용하여 매월 급여를 지급하고 4대 보험 혜택도 주고 있다.

–일자리 효과: 발달장애예술인이 전문적인 직업인으로서 급여를 받으며 다양한 활동을 할 수 있도록 하기 위하여 하트하트재단에서 근무하는 형태이다.

• 관현맹인전통예술단

–운영 주체: 실로암시각장애인복지관에서 2011년 관현맹인전통예술단을 창단한 후 국내외 공연 활동과 시각장애 전통음악인 육성사업에 힘쓰고 있다.

–운영 방식: 정가, 단소, 타악, 거문고, 대금, 판소리에서 8명의 정단원이 국가보조금으로 급여를 받으며 활동하고 있다.

–일자리 효과: 1년에 100회 이상 공연을 하기 때문에 시각장애 전통음악인들이 안정적으로 음악 활동을 하고 있다.

• 효정(구. 한빛예술단)

–운영 주체: 한빛재단에서 2003년 한빛맹학교 학생들 가운데 음악에 재능이 있는 시각장애 학생들로 구성된 한빛브라스앙상블을 확대 개편해서 2006년 한빛예술단을 창단하여 활발한 활동을 하다가 2016년 중증장애인생산품 생산시설로 지정된 장애인근로사업장으로 업종은 공연이다.

또한 2018년 전문예술법인으로 지정(서울시 문화예술과)되어 명실공히 전문예술인 집단으로 인정을 받았다.

－운영 방식: 한빛예술단은 한빛오케스트라, 한빛체임버오케스트라, 윈드오케스트라, 브라스앙상블, 타악앙상블, 현악앙상블, 채리티중창단, 모던팝밴드 블루오션의 8개의 연주단과 솔리스트로 구성된 단원들이 국가보조금으로 월급과 4대 보험 혜택을 받으며 안정적으로 음악 활동을 하고 있다.

－일자리 효과: 1년에 100여 회 공연을 하고 있어서 음악 활동이 좋은 일자리가 되고 있다.

15개 장애인예술 일자리 사례가 어떻게 운영되고 있는지 알아보았는데 그 내용을 분석하면 다음과 같다.

• 고용 기관 형태

기업	사회적기업	산하 예술팀(단)
3	6	6

기업은 주식회사 2곳, 신문사 1곳이고 사회적기업은 협동조합 3곳, 사회적기업 2곳, 장애인표준사업장 1곳이며, 산하 예술팀은 복지관 3곳, 단체 3곳으로 예전에는 장애인 관련 단체나 시설에서 장애인예술팀을 운영하는 형태가 대부분이었으나 최근 들어 장애인예술을 업종으로 하는 사회적기업이 늘어나고 있는 추세이다.

• 고용 방식

개인	팀
2	13

장애예술인 개인을 고용하는 것이 아니라 장애인예술팀을 지원하는 차원에서 소속 단원을 고용하는 형식을 취하고 있다.

• 지원금 출처

기업	정부
8	7

정부가 지원금 출처인 경우는 국고 보조금, 지방자치단체 사업비 그리고 사회적기업 지원금으로 구성되어 있는데, 사회적기업은 1년차에는 인건비의 70%, 2년차에는 인건비의 60%만 지원을 받기 때문에 운영이 불안한 상태이다.

• 고용 장르

음악	미술
12	3

음악에 대한 지원이 압도적으로 많았고, 문학 장르가 없는 것은 매우 유감스러운 일이며 앞으로 무용, 연극, 미술 등 장르의 확대가 요구된다.

• 근로자 장애 유형

발달장애	시각장애	모든 유형
9	3	3

발달장애가 60%를 차지하고 있는데 그것은 발달장애인의 취업이 어려운데다가 기업에서는 장애인고용을 여전히 사회적 책임을 수행하는 차원에서 실시하기에 발달장애인을 선택하고 있다.

• 급여 규모

100만 원 미만	100만 원대	200만 원대
9	5	1

100만 원 미만의 급여가 60%인 것으로 장애예술인 일자리가 매우 열악하다는 것을 알 수 있다.

• 고용 기간

1~2년 계약	무기계약
14	1

무기계약은 2년 계약 후 성과를 보고 무기직으로 전환할 수 있다는 것이어서 현재로서는 모두 1~2년 단기 계약으로 계약 기간이 끝나면 바로 일자리를 잃게 되는 불안정한 고용 상태이다.

장애인예술 일자리 사례를 탐색한 결과 다음과 같은 욕구가 드러났다.

첫째, 기업 지원이 언제까지 유지될지 걱정이고 지원이 늘어야 예비단원까지 고용이 확대될 수 있다.

둘째, 공공기관에서 관리하는 장애인 시립(구립)예술단이 만들어졌으면 하는 바람이다.

셋째, 단체에서 기획사 역할을 해야 하는데 그러려면 막대한 기본 자금이 필요하다.

넷째, 장애인예술 시장이 형성되어야 생산에 대한 소비가 이루어질 수 있다.

다섯째, 지방자치단체 지원을 받으면 지역 예술단 성격이 강해진다.

또한 장애예술인 개인은 팀에서 급여를 받으면 개인적인 공연 활동을 하는데 제약이 있는 것을 어려움으로 꼽았다. 그리고 장애인예술 일자리 사례를 탐색하며 기업에서 지원을 밝히지 않으려고 하는 경향이 있다는 것을 알 수 있었는데 그것은 장애예술인 고용에 대한 확신이 없어서 비공개를 원하는 듯하다.

이밖에 장애예술인들이 할 수 있는 일자리는 2018년부터 법정의무교육으로 직장 내 장애인 인식개선 교육을 연 1회 1시간 이상 실시해야 하는 의무가 사업주에게 있어서 한국장애인고용공단에서는 장애 인식개선 교육강사를 양성하고 있다. 한국장애인국제예술단이 직장 내 장애 인식개선 위탁사업 수행기관으로 선정되어 장애예술인이 참여하고 있으며, 서울 송파구에서 장애인 일자리사업으로 하트하트재단에서 운영하는 하트하트오케스트라의 발달장애연주자들이 장애 인식개선 교육에서 악기를 연주하는 보조강사로 월 56시간(주 14시간) 근무하면서 급여를 받고 있고, 창원시에서도 장애 인식개선 교육 보조강사로 발달장애연주자가 참여하는 등 전국적으로 확대될 전망이다.

2. 장애예술인 고용 사례

언론을 통해 공개된 장애예술인 고용 사례는 기업 27곳, 표준사업장 6곳, 공기관 9곳, 사회적기업 12곳, 사회적협동조합 5곳의 총 59곳이다.

〈표2〉 장애예술인 고용 사례

사업장 형태	개요	비고
기업 (27곳)	• (주)와이즈와이어즈의 한마음 일자리 주식회사 와이즈와이어즈는 소프트웨어 테스트 전문기업으로 2013년 '한마음 일자리'를 신설하여 장애인화가를 고용하는 형식으로 장애인의 무고용률을 이행 • 국민일보의 국민드림예술단 국민일보가 2019년 언론사상 최초로 발달장애인 중심의 국민드림예술단을 창단하여 발달장애 청년 예술인 5명을 직접 고용하는 방식으로 운영 • (주)오미아코리아의 오미아 뷰앙상블 130년 역사의 천연 탄산칼슘 전문 제조 및 스페셜 케미컬 유통으로 잘 알려진 오미아그룹의 국내 법인 (주)오미아코리아 소속으로 뷰티플마인드에서 운영 • (주)트라이본즈의 트라이본즈 뷰앙상블 2008년 설립된 패션종합회사 LF네트웍스의 자회사 (주)트라이본즈 소속으로 뷰티플마인드에서 운영 • (주)메리츠캐피탈의 메리츠캐피탈 뷰앙상블 2012년 설립되어 최상의 금융서비스를 제공하는 메리츠금융그룹 계열의 여신전문 금융회사 (주)메리츠캐피탈 소속으로 뷰티플마인드에서 운영 • (주)에스피테크놀러지의 에스피테크 뷰앙상블 IT기술 개발과 차별화된 기술력으로 글로벌 시장의 변화에 유연한 서비스를 제공하는 ICT플랫폼 전문 기업 (주)에스피테크놀러지 소속으로 뷰티플마인드에서 운영 • 모기업의 서초한우리오케스트라 서초한우리정보문화센터에서 2017년 창단하였는데 2019년 모기업에서 직접 고용 형태로 발달장애인 단원 25명을 채용하여 직업 연주자로 근무 • 선목학원의 맑은소리 연주단 선목학원 대구가톨릭대학교 소속으로 뇌병변 · 발달장애인 하모니카 앙상블 맑은소리 연주단 단원 8명 고용	

사업장 형태	개요	비고
기업 (27곳)	• 세종병원의 하트하트오케스트라 발달장애인 연주자 10명을 세종병원에서 직접 고용한 형태로 하트하트재단에서 관리 • 충남대병원의 발달장애인 오케스트라 문화예술 관련 단체와의 연계 없이 발달장애인 연주자 3명 채용 • 동강의료재단의 리플앙상블 동강의료재단에서 국제장애인문화교류 울산광역시협회 리플앙상블 소속 4명 연주자 고용 • 창원한마음병원의 오케스트라 창원한마음병원은 장애예술인 20명을 병원 소속 정규직원으로 채용하여 오케스트라단 창단 • 부산부민병원의 오케스트라 인당의료재단 부산부민병원에서 THE행복 오케스트라 소속 발달장애인 관현악 연주자 9명 고용 • 울산대학교병원 오케스트라&전통무용단 발달장애인 오케스트라단 4명과 특수학교 지적장애무용단 '연' 소속 단원 7명 채용 • 모 은행의 스페셜아트 모 은행 지주회사에서 발달장애화가 10명을 고용해서 스페셜아트에서 관리 • 농심 신(辛)나는 심(心)포니 (주)농심은 2023년 발달장애음악인 18명을 채용하여 '농심 신(辛)나는 심(心)포니'를 창단하였다. 아트위캔의 발달장애음악인 가운데 피아노, 첼로, 기타, 색소폰, 드럼, 성악, 보컬로 구성 • SK에코플랜트의 에코울림 연주단 2022년 (사)어울림세상과 '문화ㆍ예술 분야 장애인 일자리 확대'에 관한 업무협약을 체결하고 장애음악인으로 구성된 클래식연주단 에코울림을 창단 • (주)인트로맨 (주)인트로맨은 1995년 설립된 인력개발사업체로 2019년 장애인기업으로 (주)인트로넷코리아를 설립하였으며, 장애인표준사업장 (주)해피엔젤에 장애미술인을 고용한 것은 물론이고, 장애예술인 취업 알선 업무 • (주)컴즈 (주)컴즈는 전문 QA 기업(Consulting, 아웃소싱)으로 2명의 장애미술인 고용 • 비바체임버앙상블 사)장애인먼저실천운동본부는 2015년 비바체임버앙상블을 창단하여 삼성화재에서 사업비를 지원받아 단원에게 매월 훈련 수당 지급	

사업장 형태	개요	비고
기업 (27곳)	• 네오바이오텍 장애인예술단 2023년 (주)네오바이오텍에서 강원지역 최초 장애인예술단을 창단하여 기업이 사회공헌 사업으로 장애예술인 예술 활동 지원 • (주)삼구아이앤씨 루멘체임버 오케스트라와 '잇다' 하트하트재단과 업무 협약을 통해 발달장애음악인으로 구성된 오케스트라 창단, '잇다' 사업으로 발달장애화가 10명을 고용하여 작품 활동 지원 • (주)더휴 플라비스앙상블 하트하트재단과 업무 협약을 통해 발달장애음악인으로 구성된 앙상블 창단 • (주)코웨이 물빛소리합창단 시각장애인 20명으로 구성된 코웨이 물빛소리 합창단은 문화예술을 통한 장애인 직업 재활과 장애 인식개선을 목적으로 2022년 창단 • 현대엔지니어링 장애인화가 고용 현대엔지니어링(HEC)은 2022년, 9명의 장애인화가를 고용하여 미술그림 작업을 지원하고 있으며 미술 작품은 본사 사옥, 현장, 모델하우스 등 장식에 사용 • 하나금융의 '하나 파워온 임팩트' 하나금융은 2018년 '하나 파워온 임팩트' 프로그램을 통해 라하프를 사회적 혁신기업으로 선정하고, 발달장애배우들이 라하프에서 인턴십을 마치고 정규직으로 전환할 수 있도록 지원 • 한림대의료원의 한림 뷰앙상블 한림대의료원은 2022년 장애인 앙상블 '한림 뷰앙상블'을 창단하여 전문 음악인의 꿈을 키워 가는 장애예술인을 지원함과 동시에 장애인 일자리 창출을 촉진하기 위해 장애음악인 3명을 직원으로 직접 고용	
표준사업장 (6곳)	• (주)네패스 루아오케스트라 2022년 ESG경영 확대 차원으로 발달장애음악인 25명으로 구성 • 우리 행성 2019년 발달장애디자이너 디자인아트 제작하여 판매 • 대동소방 2020년 발달장애 아트소화기 출시하여 판매 • (주)뉴딘파스텔 골프존파스텔합창단 골프존뉴딘그룹이 사회공헌 활동의 일환으로 설립한 계열사 (주)뉴딘파스텔에서 국내 최초로 장애인 직업합창단을 창단하고 2018년 장애인 표준사업장 인증 • (주)더휴 2022년 한국장애인고용공단에서 부산 최초로 '제품디자인 산학 연계훈련'으로 디자인실무, 제품커스텀, 영상표현, 스피치교육 등 장애예술인 맞춤형 교육을 받고 장애인표준사업장 (주)더휴에 장애예술인 작가 5명 고용	

사업장 형태	개요	비고
표준사업장 (6곳)	• (주)시우 (주)시우는 기업의 사회공헌을 위해 2019년 설립한 장애인표준사업장으로 브랜드는 JAJAK(自作)으로 발달장애미술인을 4명 고용	
공기관 (9곳)	• 관현맹인전통예술단 실로암시각장애인복지관에서 시각장애전통음악가로 구성된 예술단을 2011년 창단하여 정가, 단소, 타악, 거문고, 대금, 판소리에서 8명의 정단원이 국가보조금으로 급여를 받으며 활동 • 효정(구. 한빛예술단) 한빛재단에서 2006년 한빛예술단을 창단하여 활발한 활동을 하다가 2016년 중증장애인 생산품 생산시설로 지정된 장애인근로사업장으로 단원들이 국가보조금으로 급여를 받으며 활동 • 인천시청의 인천시립장애인예술단 인천시청이 인천에 거주하는 발달장애인 20명을 고용하여 예술단을 구성하고 인정재단에서 위탁 운영 • 한국전기안전공사 유니버설안전예술단 한국전기안전공사가 한국장애인고용공단과 고용증진협약을 체결하고 맞춤 훈련을 통해 12명 채용하여 예술단 운영 • 광명시청의 다소니체임버 오케스트라 광명시장애인종합복지관에서 2013년 다소니체임버 오케스트라를 광명시 복지 일자리 사업을 시작한 후, 2018년 광명장애청년 일자리사업으로 변경하여 운영 • 세종시교육청 장애인예술단 어울림 2022년 창단한 어울림예술단은 보컬, 건반, 오카리나 등에서 5명을 고용하여 보컬, 연주 등 다양한 활동 • 대구교육청 위드심포니오케스트라 2017년 창단한 발달장애, 시각장애, 청각장애 등 서로 다른 장애 영역으로 구성된 오케스트라로 현재 대구예아람학교 32명의 학생이 활동 • 서울시립교향악단 장애화가를 직접 고용하여 자유롭게 활동 • 제주도교육청 장애인오케스트라 핫빛(Heartbeat) 제주도교육청은 2023년 장애인오케스트라 핫빛(Heartbeat)을 창단. '핫빛'은 사랑을 바탕으로 마음(heart)을 울리는(beat) 따뜻한 선율을 의미하며, 교육청은 창단 후 기획 공연과 학생·교직원·도민 대상 장애인 이해 교육 활동을 진행	

사업장 형태	개요	비고
사회적기업 (12곳)	• 한국장애인국제예술단 2008년에 한국장애인국제예술단을 창단하여 2011년 서울형 사회적기업 인증을 받아 유급 단원 5명 고용 • 디스에이블드 발달장애예술인 전문 에이전시 역할을 하기 위해 2016년 디스에이블드를 창업하고 2017년 예비사회적기업으로 발달장애화가 고용 • 핸드스피크 핸드스피크는 비즈니스 솔루션을 통하여 청각장애·농인의 문화예술 활동을 하는 예비사회적기업 • 오티스타 2013년 서울시 예비사회적기업으로 승인받았고 오티스타 디자인스쿨에서 교육을 받은 자폐인 디자이너를 채용하여 디자인 상품을 개발하여 판매 • 갤러리 에이블룸 2017년 사회적기업 승인을 받아 장애인미술 작품 전시와 인터넷 온라인 판매 • 보들극장(구. 스튜디오 뮤지컬) 배리어프리 공연을 실시하여 시청각장애인에게 공연 관람 서비스 • 사운드플렉스스튜디오 방송, 영화, 공연, 전시 등 시각장애인을 위한 화면해설 서비스 제작 • 아트위캔 (사)한국발달장애인문화예술협회 아트위캔은 서울시 지정 전문예술법인이며 문화체육관광부 지정 예비사회적기업으로 현재 38명의 발달장애음악인들에게 클래식, 국악, 실용음악 분야에서 일자리를 제공하고 있다. • 한국파룻하우스 한국파룻하우스는 2019년에는 대구광역시 사회적기업으로 지정받았고, 무용단 파룻(PAROT)은 장애예술인으로 구성된 전문 무용단으로 전국적인 공연 • (주)툴뮤직 2015년 예비사회적기업으로 설립하여 장애인음악콩쿠르와 장애음악인 콘서트, 음반 제작 사업 • (주)파라스타엔터테인먼트 모델 등 연예 활동 에이전시로 장애예술인 50여 명이 소속되어 방송이나 영화, 광고 등에 섭외 연결 • (주)그래이프랩 발달장애디자이너가 참여하여 친환경 디자인 제품 개발하여 판매	

사업장 형태	개요	비고
사회적 협동조합(5곳)	• 하트시각장애인체임버 오케스트라 2007년 하트시각장애인체임버오케스트라를 결성하여 활동하다가 2014년도에 문화부 사회적협동조합 1호로 법인을 받아 정부보조금으로 시각장애 단원 매월 훈련 수당 지급 • 드림위드앙상블 드림위드앙상블는 2015년 문화부 사회적협동조합 인가를 받아 발달장애음악인에게 월급 지급 • 얼쑤 2014년 발달장애전통문화예술단을 임의단체로 창단하여 얼쑤로 개명한 후 2017년 사회적협동조합 인가를 받아 발달장애 단원 고용 • 드림온 성남시로부터 문화예술사업비를 지원받아 장애인 문화예술 활동지원으로 예술단(무용단, 앙상블)을 운영하면서 일자리 창출 • 코리아아트빌리티체임버 장애 · 비장애 통합 연주단으로 현재 27명 연주자들이 활동하면서 일자리 창출	

제4절 장애인예술과 기업

1. 기업의 역할

문화예술계 지원을 통한 사회공헌을 실천하기 위하여 1994년 사단법인 한국기업메세나협의회가 설립된 후 2013년 한국메세나협회로 명칭을 변경하고 오늘에 이르고 있는데 기업이 회원으로 가입하여 1개 기업이 1개 예술단체를 파트너십으로 지원하는 프로그램을 운영하고 있고 예술인 개인을 후원하는 사업을 하고 있다.

그런데 장애인예술은 메세나사업에서 배제되고 있어서 장애인예술이 더욱 열악한 상황에 빠지게 되었다. 물론 기업에서 장애인예술단체의 사업을 후원하는 경우도 있지만 단기 지원이라서 안정적으로 사업을 운영하지 못하고 있다.

1) 사회적 책임

기업의 사회적 책임(CSR: Corporate Social Responsibility)이란 경영 프랙티스(practice)와 내부 자원의 기부 활동을 통해 지역사회의 복지를 향상시키는 의무를 말한다(Philip Kotler, 2006). 미국의 경영학자 필립 코틀러(Philip Kotler)는 사회가 비즈니스를 소유하고 있다는 윤리적, 법적, 상업적, 공적인 기대 수준을 충족시키는 수준 또는 초과하는 수준으로 비즈니스를 행하는 것을 기업의 사회적 책임이라고 규정하였듯이 기업은 사회적 책임을 통하여 비즈니스를 하는 것이다.

기업의 사회참여 사업은 현금 기부, 권리 양도, 공익광고, 홍보인쇄물, 행사후원, 기술지원, 현물기증 등이 있는데, 기업은 현금을 기부하는 방식으로 사회참여를 하고 있다. 기부가 의무가 아닌 전략으로서 이루어지고 있는 것이다.

포드 자동차 이사장인 윌리엄 클레이 포드(William Clay Ford, Jr)는 '위대한 기업은 훌륭한 상품과 서비스를 제공할 뿐만 아니라 세상을 더 나은 곳으로 만들기 위해 노력한다.'고 말하였듯이 기업은 세상을 보다 살기 좋은 곳으로 만들면서 발전하는 것이다.

그래서 기업의 사회적 책임(CSR)은 기업도 사회도 함께 윈윈하게 만든다. 기업의 사회적 책임을 다하여 성공한 사례는 아메리칸 익스프레스의 자유의 여신상 복원 프로그램이다. 2001년 발생한 9.11사태 이후 맨해튼 남부는 폐허가 되었다. 아메리칸 익스프레스 본사는 강제 퇴거를 당했다. 아메리칸 익스프레스는 맨해튼 남부 지대의 복구와 재건을 위해 적극적인 역할을 감당해야 한다는 책임감을 느꼈다.

세계무역센터 재난구조기금을 설립하여 피해지역 주민을 지원하였다. 그리고 고객과 관광객들에게 관광을 재개해 달라는 광고 캠페인을 펼쳤고, 2002년 봄 트리베카영화제[2]의 스폰서로 나섰다. 첫 해는 15만 명, 그다음 해에는 30만 명으로 두 배가 늘었다. 맨해튼에서 500건 이상의 문화행사를 펼쳐 맨해튼 남부에 100만 명의 관광객을 유치하는데 성공하였다.

아메리칸 익스프레스는 전 세계 자유의 상징으로서 맨해튼 남부에 관광객을 유치하는 최고의 명소인 자유의 여신상 재건을 위한 기부를 약속하였다. 아메리칸 익스프레스 카드를 사용하여 구매가 이루어질 때마다 1%씩 기부금을 적립하는 방식으로 시민들의 동참을 이끌어 내었다.

자유의 여신상 복원 캠페인 "you wouldn't know it to look at her. but the statue of liberty is closed."(당신은 자유의 여신상을 봐야 그 실체를 알 수 있지만 자유의 여신상은 닫혀 있습니다.)이다. 이 문장이 미국인들의 마음을 흔들어 놓았다.

아메리칸 익스프레스는 성공적으로 기업의 사회적 책임을 실천했고 문화와 예술 그리고 고객들을 사랑하는 착하고 아름다운 기업으로 사랑 받고 있다.

아메리칸 익스프레스의 사례를 필립 코틀러(Philip Kotler, 2006)가 제시한 기업의 사회참여 사업의 6가지 유형에 대비시켜 설명하면서 장애인예술에 대한 기업의 사회참여 방향을 제시하면 다음과 같다.

① 공익 캠페인(Cause Promotions)

사회참여를 통해 비용 감소가 가능한 분야는 광고인데 기업의 사회참여 프로그램이 다른 판촉 수단들보다 금전적 측면에서 훨씬 효과적이다. 그래서 아메리칸 익스프레스는 자유의 여신상 복원 캠페인으로 자금을 모으고 자유의 여신상 복원을 성공리에 마칠 수 있었다.

이렇듯 장애인예술의 가치와 역할을 인식시킬 수 있는 공익 캠페인 "장애인예술로 아름다워지는 대한민국"을 선점하는 기업이 한국 장애인예술의 선봉자가 될 것이다.

---

2) 트라이베카 영화제(Tribeca Film Festival)는 매년 봄 뉴욕에서 열리는 영화제이다. 2001년 9월 11일 발생한 9·11 테러 사건 이후 뉴욕의 부흥을 기원하여 2002년 제인 로즌솔, 로버트 드 니로, 크레이그 햇코프에 의해 시작되었다.

② 공익연계 마케팅(Cause-Related Marketing)

아메리칸 익스프레스 카드를 사용하여 구매가 이루어질 때마다 1%씩 기부금을 적립하는 방식으로 시민들의 동참을 이끌어 내었듯이 장애인예술도 기업이 판매 이익의 0.1%를 장애인예술 기금으로 기부하는 방식을 사용하면 부담 없이 기금을 조성할 수 있다.

기업의 장애인예술에 대한 다양한 지원 활동을 통해서 장애인예술도 힘을 얻고 기업 또한 수익과 이미지 제고의 효과를 누릴 수 있어서 모두가 승리하는 아름다운 연대를 구성할 수 있다.

③ 사회 마케팅(Corporate Social Marketings)

아메리칸 익스프레스는 맨해튼 남부 지대의 복구와 재건을 위해 적극적인 역할을 감당해야 한다는 책임감을 느꼈기 때문에 관광객 유치를 위해 다양한 문화행사에 후원을 했던 것이다.

사회 마케팅은 행동 변화에 초점을 두는 것으로 장애인예술 뉴딜(new deal) 프로젝트로 장애인예술 장터를 열어 주는 등의 구체적이고 적극적인 사업을 주도해 갈 수 있다.

④ 사회공헌 활동(Corporate Philanthropy)

사회공헌 활동은 지금도 우리 기업에서 실시하고 있지만 장애인예술을 위한 문화공헌 활동의 필요성을 인식하고 장애인예술 프로그램을 개발하여 실시하는 것이 사회공헌 활동에 포함되어야 한다. 가장 쉽게 할 수 있는 것이 회사 기념일이나 행사에 장애예술인 작품이나 디자인으로 기념품을 만들어 의미 있는 선물을 하는 것이다.

⑤ 지역사회 자원봉사(Community Volunteering)

요즘은 사회적 일자리 마련으로 각종 휴먼서비스 제도가 많아서 자원봉사 기회가 줄어들었다. 장애인예술의 자원봉사는 장애인예술 공연이나 전시회장을 찾아가서 관객으로서의 역할을 하는 것이 아주 의미 있는 자원봉사 활동이 된다. 더 나아가 적극적으로 장애인과 함께 예술 활동에 참여하면서 문화예술에 대한 아이디어를 제공하고 공유할 수 있다. 또한 문화예술 분야에서 재능을 기부하는 자원봉사로 장애인예술에 공헌하는 것도 필요하다.

⑥ 사회책임경영 프랙티스(Socially Responsible Business Practices)

기업 경영에 장애인예술을 사회적 책임으로 선포하는 것이다. 우리 기업은 장애인예술 발전을 위해 장애예술인을 지원하고 사회공헌 활동으로 장애인예술 프로그램을 실시하며 홍보와 마케팅에 장애인예술을 적극 활용한다는 방침을 세우는 것이다.

이런 경영 방침을 통해 기업이 한시적이고 제한적인 기부 활동에서 벗어나 장애인예술에 공헌하며 기업 사회공헌의 새로운 역사를 쓰게 된다. 기업의 사회적 책임(CSR)의 하위 개념으로 진화된 기업의 창조나눔가치(CSV, Creative Share Value)를 실현하기 위한 구체적인 노력으로 기업 소속 장애인예술팀을 운영하여 고용 창출을 한다면 기업은 장애인을 고용하지 않았다는 비난에서 벗어날 수 있고, 장애예술인들은 고용 상태에서 예술 활동을 안정적으로 할 수 있을 것이다.

2) 문화공헌사업

대기업에서는 기업조직에 사회공헌팀이 운영되고 있을 정도로 사회공헌 활동을 주요 사업으로 판단하고 있다. 전국경제인연합회는 2021년 매출액 상위 500대 기업 중 232개사를 대상으로 실시한 기업의 사회공헌 실태조사를 바탕으로 한 〈2022년 주요 기업의 사회적 가치 보고서〉를 발표했다.

2021년 사회공헌 활동 지출액이 전체 매출액에서 차지하는 비율은 0.12%로 분야별 지출 현황을 보면, 취약계층 지원에 대한 지출(55.9%)이 가장 높고, 이어 교육·학교·학술(13.1%), 문화예술·체육(11.4%), 기타(10.2%) 순이다. 사회공헌사업에서 문화예술체육의 비중이 11%인데 이 가운데 장애인문화예술이 차지하는 비율은 매우 미미하다.

공모사업을 통해 down-up 형식의 개방형 사업을 실시하여 공익성과 접근성을 높이고 있는 장애인예술 관련 문화공헌사업을 소개하면 다음과 같다.

• 포스코1%나눔재단 '만남이 예술이 되다'

포스코1%나눔재단에서 2020년 처음으로 외부 개방형 사업 아이디어공모전을 실시하였는데 271건의 아이디어가 접수되어 11건이 선정되었다. 11건 가운데 문화사업은 2건으로 최우수상을 차지한 (사)한국장애예술인협회의 장애예술인 대중화 프로젝트 '나는 예술인이다'와 장려상을 받은 시각장애인을 위한 관광지와 공공시설물 PosART 점자안내판 설치 사업이다.

PosART(Pos Advanced Resolution Technology)는 포스코 강판에 잉크젯 기술을 접목한 고해상도 잉크젯 프린트 강판을 뜻한다. 최우수상으로 선정된 '나는 예술인이다'는 장애예술인 10명의 삶과 예술세계를 10분 이내의 영상으로 제작하여 유튜브 등 모든 홍보 매체 플랫폼에 소개하는 웹다큐이다. 매스미디어 진입이 어려운 현실을 뛰어넘어 해외에도 소개할 수 있는 좋은 문화복지사업으로 평가받았다.

이 사업은 '만남이 예술이 되다'는 타이틀로 2020년부터 현재까지 시즌 4까지 진행하면서 34명의 장애예술인이 참여하여 74편의 동영상 콘텐츠를 제작하였는데 그동안 포스코tv와 협업 크리에이터 유튜브채널을 통해 구독을 했을 때도 조회수가 총 2천 3백만 회가 넘을 정도로 관심이 높았는데, 올해 공중파 케이블채널인 KBSN을 통해 방영이 되고 있기 때문에 시청 기회가 더 확대될 것으로 예상된다.

• JW중외제약의 JW아트어워즈

JW그룹의 공익재단 중외학술복지재단에서 2015년에 JW아트어워즈를 제정하여 현재까지 실시하고 있다. 장애예술인들의 재능을 발굴하여 작가로서 성장할 수 있는 발판을 마련하고자 매년 미술 공모전을 개최하여 우수작들을 시상하고 있다. 열정과 재능이 있는 수상자에게는 좀 더 나은 여건에서 작품 활동을 할 수 있도록 후원하며 작품 전시회를 열어 주고 있다.

매년 대상 1명, 최우수상, 우수상, 장려상 각 2명, 입선 20명을 선정하여 9년 동안 300여 명의 장애미술인을 발굴하였다. 대상 상금은 500만 원이다.

• 국민일보 아르브뤼 미술상 공모전

국민일보에서 2022년 제1회 아르브뤼 미술상 공모전을 시작하였다. 응모자격은 대한민국 거주 만 18세 이상 만 39세 이하 시각예술 분야(입체, 평면, 미디어 등)의 발달장애 창작자 개인이다. 1차 포트폴리오 심사로 선정된 1차 당선자에 한해 실물작품 접수를 받아 2차 실물작품 심사를 거쳐 당선 순위가 정해진다.

상금은 대상 1명 500만 원, 최우수상 1명 300만 원, 우수상 1명 200만 원, 장려상 10명 각 20만 원이다. 2023년 제2회 아르브뤼 미술상 공모전도 실시하여 앞으로 지속될 것으로 보인다.

3) 창조나눔가치 확산 방안

"기업의 사회적 책임(CSR)이 기업의 창조나눔가치(CSV)를 확산시킨다."

이 명제를 실천하기 위한 기본 콘셉트를 정하는 것이 중요한데 다음 6가지로 정리할 수 있다.

concept1 한국기업도 사회적 책임에 앞장선다.

한국기업은 정경유착으로 올바르지 못한 방법으로 돈만 벌었다는 인식이 팽배해 있다. 장애인예술을 위한 메세나[3] 활동을 통해 우리 사회에서 가장 약자인 장애예술인을 위하여 사회 공헌 활동을 함으로써 사회적 책임을 실천하고 있다는 인식의 전환이 될 것이다.

concept2 한국의 노블레스 오블리주(Noblesse Oblige)는 장애인예술 후원에서 돋보인다.

한국 사회는 노블레스 오블리주가 정착되지 않았다. 필요에 따라 이벤트처럼 노블레스 오블리주를 실시하고 있어서 그 진정성이 의심받고 있다. 아직 미개척 분야인 장애인예술에 후원함으로서 한국의 지도층이 노블레스 오블리주를 아름답게 실천할 수 있다.

concept3 장애인예술은 힐링 효과가 있다.

장애인예술은 예술이 주는 감동과 장애인의 삶이 주는 감동이 보태져 두 배의 감동을 주기 때문에 관객들에게 힐링 효과를 준다.

concept4 장애인예술로 국제적인 위상을 높인다.

한국은 한류 열풍으로 문화강국이 되었지만 그것이 국가의 위상을 선진국으로 높이지는 못한다. 장애예술인을 포지셔닝하면 선진국 마케팅으로 매우 효과적이다.

concept5 장애인에 대한 사회적 비용이 감소된다.

2007년 장애문화예술인활동실태조사(한국장애인개발원)에서 장애예술인의 96.5%가 예술 활동에 대한 수입이 없다고 응답하였고, 2012년 장애인문화예술실태조사(문화체육관광부)에서 장애예술인의 82.18%가 발표의 기회를 갖지 못하고 있다고 하였으며, 2021년 장애예술인문화예술활동실태조사(문화체육관광부)에서도 창작지원금 욕구가 70.5%로 압도적이었다.

이렇듯 장애예술인은 자립도가 낮기 때문에 장애인복지로 지출되는 사회적 비용이 많은데

---

3) 메세나(Mecenat)란 기업들이 문화예술에 적극 지원함으로써 사회 공헌과 국가 경쟁력에 이바지하는 활동을 총칭한다.

장애인예술이 발전하면 장애예술인에게 소요되는 사회적 비용을 줄일 수 있다.

concept6 기업의 성장 동력인 사원의 사기를 높인다.

사회참여 사업을 실천하는 기업의 직원들은 그렇지 않은 기업의 직원들보다 '우리 회사가 자랑스럽다'고 응답하는 비율이 38%나 많았다(Philip Kotler, 2001)는 것에서 잘 나타난다.

기업의 사원이 자기가 속해 있는 기업에 존경심을 갖게 된다면 강한 애사심으로 기업이 강력한 성장 동력을 얻게 될 것이다.

한국사회복지협의회에서 발간한 '2022년 사회공헌백서'에 의하면 우리나라 100대 기업에서 2020년에 실시한 사회공헌 프로그램 263개 가운데 문화예술체육은 26개로 9.9%에 머물고 있다. 이 가운데 장애인예술사업은 수적으로도 열세이지만 프로그램도 장애인음악회 지원에 그치는 등 내용이 매우 빈약하다. 매력적인 장애인예술 프로그램을 개발해서 공격적으로 배팅(batting)을 하는 전략이 필요하다.

장애인예술 프로그램으로 개발할 수 있는 사례를 소개하고자 하는데 사례에 나오는 A⁺는 A가 2개라는 뜻으로 앞의 A는 able, access, ace, 뒤의 A는 Art로 장애인예술을 의미한다.

---

ex1. 자동차 산업
−**A⁺**로 숭고미를 입힌 자동차가 당신에게 달려갑니다
철학자 칸트는 숭고미는 내면적인 미(美)로 간접적으로 일어나는 감정이고 한정되지 않은 이성의 표현으로 유희가 아닌 엄숙함이라고 하였듯이 인간이 가질 수 있는 최고의 아름다움인 숭고미를 장애인예술 지원사업을 통해 연출한다.

−사랑의 속도를 지켜 주세요
자동차가 개인의 발전을 위해서 쉼 없이 달리지만 그 속도가 사람에 대한 사랑과 장애인예술에 대한 이해를 담고 있다는 것을 알린다.

ex2. 의류 산업
−**A⁺**가 당신에게 인격을 입힙니다
옷은 사람의 체온을 유지해 주어 생명을 지켜 주며 수치심을 가려 주는 역할을 하지만 현대인은 옷을 멋을 내는 목적으로 입는다. 옷이 허영과 허세의 아이콘이 되었는데 인격을 나타내는 옷을 입는 것이 의류의 새로운 트렌드가 되어야 한다.

−착한 옷이 예쁘다

예쁜 옷은 브랜드가 결정하는 것이 아니라 옷을 입으며 좋은 일을 할 수 있는 착한 옷을 입어야 아름답다. 그래서 장애인예술로 디자인하거나 장애인예술을 후원하는 옷이 예쁜 옷이라는 인식이 필요하다.

ex3. 카드회사

−착한 소비로 아름다워지는 대한민국 특정 카드 상품을 개발하여 사용금액의 일정 비율을 A$^+$ 기금으로 마련하는 방법이나 소비자의 point를 기부하는 형식이다. 이를 통해 기업 이미지를 제고하여 소비자의 선택과 지지를 이끌어 낼 수 있다.

ex4. 외식 산업

−나는 감동을 먹는다!

좀 더 적극적으로 계절별 또는 특정일에 출시되는 새로운 메뉴에 적용할 수 있다.

메뉴판에 스페셜 메뉴를 넣어서 이 메뉴를 주문하면 그 음식 가격의 일정 비율이 A$^+$로 기부된다는 것을 명기한다. 이는 음식점의 문화공헌을 홍보하고 고객 스스로 장애인예술 기부 행위의 만족감을 충족시킬 수 있다.

−노블레스 팁

"우리 호텔은 no tip이지만 당신의 고품격 노블레스 팁은 받습니다."

대형 호텔 레스토랑에서 진행할 수 있는 프로그램이다. 최고급 레스토랑에서 최고의 서비스를 받으며 만족스러운 식사를 할 수 있다.

ex5. 보험회사

−행운 보험, 드셨나요?

보험상품 개발로 고객에게 미래 건강과 자산 보장의 안정감과 더불어 보험 계약 체결에서부터 미래까지 A$^+$ 운동에 참여한다는 문화적 자긍심을 보장받을 수 있도록 한다. 만기 생존 축하금, 교육보험의 경우 진학, 합격 등 다양한 보장형 축하금의 일정 비율을 A$^+$에 기부하는 것을 통해서 숫자가 보장하는 미래의 안정감에 더해진 자존감과 자부심까지를 보장할 수 있다.

ex6. 은행

−선행도 저금하세요

적금, 일반 통장의 이자금에서 일정 비율을 A$^+$ 운동에 기부하는 형식이다.

적금상품의 경우 고객에게 만기 시 이자를 지불하는 것과는 다른 자부심과 보람을 함께 선물할 수 있다. 또한 매달 적금 납입 시 가졌던 소망의 기억에 대한 충분한 보상이 될 수 있다.

−잠자는 돈은 A$^+$로 투자하세요

휴면 계좌의 저금액을 장애인예술 기금으로 활용하는 방식인데 그것이 지원이 아닌 투자임을 강조한다.

ex7. 화장품 산업

−난 우아미도 화장한다: 당신이 진짜 아름다운 이유

여성뿐만이 아니라 남성도 화장을 하는 이유는 상대방에게 좋은 인상을 주기 위해서이다. 누구나 남들과 다른 아름다움을 발산하고 싶어하는데 그것이 바로 우아함이다. 그 우아함은 장애인예술에 대한 관심과 사랑으로 화장할 수 있음을 알린다.

ex8. 통신회사
–우리는 착한 소통하자
통신은 빨라야 한다. 통신은 넓어야 한다는 생각을 버려라. 통신의 목적은 소통이다. 그것도 무지 착한 소통으로 좋은 인간관계를 만들어야 행복해질 수 있다는 점을 부각시킨다. 착한 소통을 하면 아름다운 기부가 형성된다는 것으로 A⁺ 운동을 확산시킨다.

ex9. 건설회사
–우리는 예술을 짓는다.
장애인예술에 건설회사다운 통큰 기부를 실천한다.

–가장 살기 좋은 집은 UD(유니버설 디자인)입니다
새로운 건설 트렌드로 노인, 어린이, 장애인이 불편 없이 함께 살아갈 수 있는 유니버설디자인을 대중화시킨다.

ex10. 사행산업
–즐기면서 하는 착한 기부
경마와 카지노 수익의 일정비율을 A⁺ 기금으로 기부하여 사행산업이 갖는 부정적인 이미지에서 벗어난다. 감정적 보상과 가치 실현과는 또 다르게 장애인예술을 통해서 충족되는 예술 감성의 자극과 기쁨을 얻을 수 있음을 강조한다.

2. 장애인예술의 가치

문화예술의 가치는 우리가 상상하는 것 이상이다. 안데르센이 쓴 동화는 지금도 전 세계 어린이들이 독자이다. 그래서 덴마크 GDP의 5%가 안데르센 동화의 판권 수입이다.

그리고 조앤롤링의 「해리포터」 시리즈는 하루 10억 원의 저작권료를 벌어들이고 있다. 조앤롤링은 「해리포터」 원고를 출판사에 보냈지만 거절을 당하기 일쑤였다.

12번이나 거절을 당해 지쳐 있을 무렵 신생 블룸즈버리 출판사는 「해리포터」 출간을 결정하였다.

다른 출판사들이 거절한 이유는 작가가 신인이어서 신뢰가 생기지 않았고, 내용이 황당무계(荒唐無稽)하여 독자들이 외면할 것으로 판단했기 때문인데 블룸즈버리 출판사는 「해리포터」 원고를 읽고 그저 재미있어서 출판을 했다.

메이저급 출판사는 리스크를 줄이기 위해 작가의 명성과 선정 기준의 틀에서 크게 벗어나지 않는 작품을 선택해 왔기에 보물을 놓친 것이다. 블룸즈버리 출판사는 그런 고정관념에서 벗어나 「해리포터」의 재미가 독자들에게 전달되기를 바라면서 조앤롤링에게 기회를 주었기 때문에 큰 성공을 거둘 수 있었다.

문화의 가치를 우리는 K-콘텐츠의 힘을 통해 이미 경험하였다. 우리나라의 음악과 드라마가 세계적인 인기로 한류라는 큰 물결을 형성하여 문화적, 경제적 측면뿐만이 아니라 대한민국의 위상을 높여 주었다.

2012년 싸이의 〈강남스타일〉은 국내에서는 B급 문화로 크게 호응을 받지 못했지만 열정적인 말춤에 매료된 유럽에서 돌풍을 일으켰다. 이렇게 어렵게 시작된 〈강남스타일〉은 전 세계 젊은이들이 말춤을 추는 신드롬을 만들었다.

그 후 등장한 방탄소년단 BTS 역시 국내에서는 주목을 받지 못하였다. BTS가 2013년 장애인문화예술축제 개막식 공연에 출연하였을 때만 해도 BTS의 성공을 아무도 예상하지 못하였다. 미국에서 BTS는 국제적인 마케팅으로 새롭게 탄생하였다. 음악에 메시지를 담은 A급 문화로 2017년 빌보드 차트에 이름을 올리면서 세계적인 명성을 얻었다. BTS의 A급 문화는 전 세계에 팬덤을 형성하여 '아미(Army)'라는 강력한 힘을 갖게 되었다. 아미는 BTS가 개인적인 사정으로 활동을 하지 않더라도 팬덤이 약해지지 않는다. 아미는 평생 BTS의 성실한 팬덤으로 남을 것이다.

1) 장애인예술 마케팅

제로미 매카시(E. Jerome McCarthy)는 마케팅의 기본 틀인 마케팅 믹스(marketing mix)의 4p로 제품(product), 가격(price), 장소(place), 홍보(promotion)를 들었다. 장애인예술의 제품(product)은 작품인데 미술의 경우를 예를 들어 설명하겠다.

장애미술인이 그린 작품인 제품을 판매하기 위해서는 가격(price)을 책정해야 하는데 우리나라는 미술품 구매를 주로 애장품 성격으로 구매를 하기 때문에 전문 갤러리에서 비싼 돈을 주고 구매를 한다. 그런 경우 작가의 명성과 작품의 인지도가 구매를 결정하는데 큰 영향을 끼친다.

하지만 장애미술인은 그런 명성보다는 작품에 의미를 부여하는 것이 가장 효과적이다. 가격은 중산층에서 부담 없이 구매할 수 있는 가격인 것이 유리하다. 그리고 장소(place)도 갤러리보다는 백화점이나 쇼핑몰 그리고 카페 등 다중 시설에서 판매하거나 온라인 마켓을 통한 유통도 실시하여 접근성을 확대시켜 나가야 한다. 홍보(promotion) 역시 제품의 경제적 가치보다는 정신적 가치에 두고 홍보를 하여 고객이 미술 애호가가 아닌 일반 시민이 되도록 하는 것이 좋다. 그래서 프로모션 방식인 TV, 라디오, 신문, 잡지를 통한 ATL(above the line)뿐만이 아니라 BTL(below the line)로 세일즈, 쿠폰, 전시, 이벤트, PR, 간접 광고인 PPL(produck placement line)도 효과적이며, 최상의 효과는 ATL과 BTL을 적절하게 둘 다 사용하는 IMC(integrated marketing communication) 즉 통합적 마케팅이다.

마케팅 수단으로 SPT전략이 있다. 시장 세분화(market segmentation), 타깃 설정(targeting), 포지셔닝(positioning)인데, 시장 세분화는 지리적 세분화(도시, 농촌 등), 인구통계적 세분화(성별, 나이, 소득 등), 사회심리적 세분화(라이프 스타일, 개성, 선호 등), 행동분석적 세분화(추구하는 편익, 사용량 등)로 나눌 수 있으며, 타깃 설정은 주요 고객 즉 진짜 고객을 찾는 것이고, 포지셔닝은 상품을 어떤 이미지로 차별화시키느냐이다.

이 역시 미술로 설명을 하면 백화점에 장애인미술 갤러리를 만든다면 백화점에 오는 고객 가운데 어느 계층을 타깃으로 정하느냐에 따라 달라진다. 만약 여유가 있는 노년층을 타깃으로 한다면 노년층이 가장 많이 찾는 식당도 제안할 만하다. 여유 있는 노년층은 작은 그룹으로 점심 약속을 많이 하는데 일찍 도착하면 시간을 보내기가 적당치 않아서 두리번거리게 된다. 만약 식당가 옆에 갤러리가 있다면 분명히 그 안으로 들어가서 작품을 감상할 것이다. 그곳에 여러 장르의 작품을 전시해서 세분화를 시키면 노년층 고객은 경제력이 있다면 작품 1개가 아니라 여러 개의 작품을 구매하게 된다. 노년이 되면 자신의 구매가 다른 사람들을 이롭게 한다는 의미가 있으면 지갑을 아낌없이 연다.

식사를 마친 후 커피숍으로 갔을 때 갤러리에 있던 작품이 걸려 있으면 자신의 구매가 옳은 선택이었다고 확신하게 되고, 그 작품을 이용한 굿즈가 커피숍 한쪽에서 판매가 된다면 갤러리에서 작품을 구입하지 않았던 동행자들에게 '너희는 굿즈를 사렴' 하면서 강추를 할 것이다.

2) 장애인예술 상황분석

마케팅을 하기 전에 상황분석인 PEST를 해야 한다. Political(정치적)은 법적인 문제는 없는지, Economical(경제적)은 수익을 어느 정도 창출할 수 있는지, Socio-cultural(사회문화적)은 제품에 대한 반감은 없는지, Technological(기술적)은 오류가 발생될 염려는 없는지 꼼꼼히 분석한다.

장애인예술 시장에 대한 상황 분석을 PEST에 따라 살펴보면 정치적 즉 법적으로「장애예술인지원법」이 제정되었고 제9조2에 장애예술인 창작물 우선구매제도가 규정되어 있어서 법적인 요건은 충분히 갖추어져 있다. 수익을 보장하기는 이르지만 시간이 지나면 반드시 수익이 발생할 것이기에 경제성 또한 있다.

장애인예술에 대한 사회문화적 반감을 겉으로는 표현하기가 어렵다. 사람들은 속으로는 장애인에 대한 차별 의식을 갖고 있지만 겉으로는 배려를 해야 한다고 말하는 이중적 태도를 보이고 있는데 이런 표면적 배려를 진정한 호감으로 바꾸는 전략을 세워야 한다. 장애인에 대한 차별이 지성인으로서 품위를 손상시키는 행위라는 것을 심어 준다면 이 문제는 얼마든지 해결될 수 있다. 그리고 예술 작품은 기술을 이용한 생산이 아니라 개인적 창작이어서 기술적 오류는 발생하지 않는다.

장애인예술 SWOT 분석을 해 볼 필요가 있다. SWOT는 Strength(강점), Weakness(약점), Opportunity(기회), Threat(위험) 부문으로 분석을 하는데 장애인예술의 강점(strength)은 소비자의 감성을 움직일 수 있는 소구력이 있으며 작품도 수월성이 높아서 상품으로의 매력적인 요소가 있다. 약점(weakness)은 장애인예술이 제대로 평가를 받을 수 있는 기회가 없었다는 것이다. 장애인예술의 주체가 장애인이기 때문에 아직 우리 사회의 장애인에 대한 편견과 차별, 배제 등이 존재하기에 모든 환경적 요인이 위험 요소가 되고 있다.

하지만 장애인예술의 기회(opportunity)는 장애예술인 창작물 우선구매제도이다. 이 제도로 장애인예술 구매를 의무적으로 시행하다 보면 자연히 기회가 확장되어 장애인예술의 약점과 위험(threat) 요소가 한꺼번에 해결될 것이다.

장애인예술 마케팅에 성공하기 위해서는 조직이 장애인예술에 대한 명확한 미션을 갖고 있어야 한다. 순간적인 기분으로 장애인예술에 관심을 갖고 사업을 시작한다면 장애인예술을 상품으로 안착시키지 못하고 포기하게 된다. 장애인예술은 그 자체도 상품으로서 가치가 있지만 교환을 통한 자원 획득이 가능하기 때문에 그 교환 가치의 창출 방법에 익숙해져야 한다.

예를 들어 어떤 기업에서 장애예술인을 고용하여 그 장애예술인이 안정적인 예술 활동을 통해 국내외 대회에서 수상을 했다거나 장애예술인의 미술 작품으로 디자인을 해서 출시한 옷이 유행을 했다거나 하는 스토리텔링은 기업 이미지를 높이는 교환가치이다.

3) 장애인예술 목표

더글라스 에이튼(Douglas Eighten)은 마케팅 목표를 첫째, 관객 유지. 둘째, 관객 확대. 셋째, 관객 개발. 넷째, 관객의 질 제고. 다섯째, 관객 규모와 티켓판매 수입 제고라고 하였는데, 장애인 예술은 첫째가 관객 개발이다. 다른 상품처럼 이미 고객이 형성되어 있지 않기 때문에 관객 개발에 노력을 얼마나 기울이느냐에 따라서 관객이 개발될 수 있는 블루오션이다.

장애인예술 상품에 대한 정보를 공유하며 확산시켜 나가면서 작품평을 남기는 것이 지성인의 도리라고 일깨워 주어야 한다. 장애인예술은 온정적 베풂이 아니라 예술상품의 변화라는 것을 강조하면서 새로운 유통 시스템이 등장한다면 장애인예술 시장은 확대될 것이다.

마케팅은 행동의 변화를 가져오고 PR(public relation)은 태도의 변화를 가져온다고 하는 만큼 장기적 관점으로 접근하면 큰 효과를 올릴 수 있을 것이다.

공연예술 소비를 매슬로우(A. H. Maslow)의 욕구 5단계[4]로 설명을 하면 가장 아랫 단계는 생리적 욕구로 공연예술 감상을 하러 공연장을 찾았을 때 화장실과 식음료 판매대가 있어야 한다. 다음은 안전 욕구로 귀가할 때 지하철이 끊기는 시간에 공연이 끝나면 공연티켓 구매를 망설이게 된다. 집으로 가는데 어려움이 생기기 때문이다. 다음 사회적 욕구는 소속감을 뜻하는데 관객은 다른 동료들이 공연을 보고 와서 그 공연에 대한 얘기를 할 때 자기 혼자 그 공연을 보지 않은 것에 소외감을 느끼고 공연을 보지 못한 동료들끼리 함께 공연 티켓을 구매하여 어울리려는 욕구를 갖고 있다.

자존 욕구는 취향에 맞는 작품을 꾸준히 관람하면서 예술에 대한 자존감을 갖는 것이고, 마지막 삼각형의 꼭대기에 해당하는 자아실현의 욕구는 미적 체험이 주는 행복감에 대한 욕구이다. 그래서 예술을 마케팅할 때는 바로 이 미적 체험으로 자아실현의 욕구를 채워 주어야 한다.

그래서 철학 이론을 차용할 필요가 있다. 플라톤은 '예술은 건강을 가져오는 미풍'이라고 하였고, 토마스 만은 '예술 작품은 도덕적인 효과를 가져온다.'고 하였으며, 톨스토이는 저서 「예술이란 무엇인가」에서 '예술이 주는 마음의 평가는 인생의 의미에 관한 인간의 이해에 의존한다.'고 언급하였다.

하이데거는 '철학가는 존재를 말하고, 예술가는 성스러운 것을 부른다.'며 예술을 성역으로

---

4) 매슬로우(A. H. Maslow)의 욕구 5단계는 1단계-생리적 욕구, 2단계-안전에 대한 욕구, 3단계-애정과 소속에 대한 욕구, 4단계-자기 존중의 욕구, 5단계-자아실현의 욕구로 삼각형 모형이다.

끌어 올렸고, 니체는 '예술성과 사회성이 하나의 구조적인 전체로 통합되어서 비로소 위대한 작품이 이루어진다.'고 하여 예술은 독단적인 것이 아니라 사회성으로 소통을 해야 위대해진 다고 말하고 있다.

헤겔은 '예술을 절대 이념의 발로'로 예술을 이념으로 인식하였고, 하이데거는 저서 「예술 작품의 근원」에서 '예술 작품의 근원은 작품이다. 작품의 근원은 예술가이다.'라고 하여 예술 인 자체가 예술이라고 존재론적으로 접근하였다.

장애인예술은 이런 철학적 사유로 마케팅하여 예술을 조금 더 성숙한 시민이 되는 방편으로 삼아야 한다.

4) 장애인예술 콘텐츠

장애인예술을 마케팅하려면 콘텐츠가 가장 중요하다. 소비자의 마음을 사로잡을 수 있는 매력적인 콘텐츠가 없다면 무기 없이 전쟁터에 나가는 것과 같다. 그래서 예술 각 장르에서 콘텐츠 개발에 총력을 기울여야 한다.

우선 문학 분야의 콘텐츠를 사례로 들어 보면 다음과 같은 콘텐츠가 가능하다.

대한민국 이야기산업 콘텐츠(안)

로고: 코리안 나이트(korean night)—이야기로 행복해지는 대한민국

1. 대한민국 땅 이야기—전국의 지역 문화를 스토리텔링

2. 전통사회 이야기傳—설화나 민담 등을 스토리텔링

3. 대한민국 인물전(아카이브)—현존하는 위인들의 생애사를 녹취하여 이야기로 만듦

4. 이야기문학(narrative)의 대중화—문인뿐만이 아니라 모든 국민들이 이야기문학에 참여

5. 이야기 과거시험—한 가지 주제를 주고 여러 가지 이야기가 나올 수 있음

6. 이야기 은행 설립—이야기를 기고 형식으로 받아 채택이 되면 원고료를 주고 작품화되면 원작료 지불 조건(글쓰기가 안 되면 구술로 가능하도록 은행에 기술사(記述士)를 둠)

7. 이야기가 있는 1인 뮤지컬—현재 뮤지컬은 규모가 커서 대극장에서 공연을 하기 때문에 접근도 어렵고 관람료도 비싸기 때문에 규모가 작은 1인 뮤지컬로 서민들에게 뮤지컬 향유의 기회를 주고, 소극단에게 공연 제작의 기회를 줌

8. 이야기회사 육성—작가들이 모여서 이야기를 만들어 판매하는 기업을 문화적기업 형태로 설립하여 실업상태에 있는 문인들에게 일자리 제공

9. 인성교육 인문학 프로젝트—초중고, 대학생, 군인, 경찰 등을 대상으로 인성 함양을 위한 교육을 실시하는 인문학 프로젝트

10. 역사 속의 장애 위인을 만나다—왕족, 관료, 학자, 예술인, 특정 직업에서 찾은 66명의 조선 시대 장애 위인을 동화책으로 만들어 보급하고, 애니메이션으로 제작해서 초등학교 교육자료로 활용

모든 예술은 문학이 기초가 되기에 장애인예술산업이 발전하기 위해서는 장애인문학 공장이 활성화되어야 한다. 웹툰, 드라마, 연극, 영화, 뮤지컬, 테마파크, 축제, 애니메이션, 광고, 게임, 박물관, 브랜드, 콘서트 등과 공동 작업을 하는 것이다. 공동 작업에 참여할 수 없는 사

람은 문학 은행에 자신의 작품은 물론 완성되지 않은 작은 스토리라도 저축을 할 수 있는 시스템이 필요하다.

이야기는 예술 분야뿐 아니라 기업도 이야기 경영(Story Management)을 해야 한다. 오너가 누구와 결혼하고 누구는 이혼을 하고 이런 개인적인 루머성 소식이 가짜 뉴스로 포장되어 떠돌아다니지 않도록 처음부터 이야기를 정확히 기록하여 공개하는 것이다.

또한 TED(Technology Entertainment Design)를 활용하여 기업 오너부터 말단 사원에 이르기까지 자기가 알고 있는 것을 소개하는 인문학 강의를 정례적으로 실시할 필요가 있다. 그러면 자기 계발은 물론 서로 격의 없이 소통하며 회사 전체가 한마음으로 뭉칠 수 있다.

2007년 「장애인복지법」 전면 개정을 통해 중앙행정기관, 지방자치단체의 소속 직원과 초중고 학생에 대한 장애인 인식개선 교육제도가 처음으로 법에 반영되었으며, 같은 해에 「장애인 고용촉진 및 직업재활법」 개정으로 사업주 책임에 장애인 인식개선 교육을 포함시키게 되었다.

2017년 「장애인 고용촉진 및 직업재활법」 개정으로 '직장 내 장애인 인식개선 교육'이 연 1회 1시간 교육을 실시하도록 하였고, 이 교육은 2018년부터 법정 4대의무교육[5]에 포함되었다.

따라서 장애인 인식개선 교육도 하나의 중요한 장애인예술 콘텐츠가 될 수 있다. 장애예술인들이 예술을 매개로 직장 내 장애인 인식개선 교육 강사로 나서는 것이다.

---

5) 법정 4대의무교육은 개인정보보호 교육, 직장내 성희롱예방 교육, 산업안전보건 교육, 직장 내 장애 인식개선 교육이다.

모든 예술은 문학이 기초가 되기에
장애인예술산업이 발전하기 위해서는 장애인문학 공장이 활성화되어야 한다.
웹툰, 드라마, 연극, 영화, 뮤지컬, 테마파크, 축제, 애니메이션, 광고, 게임,
박물관, 브랜드, 콘서트 등과 공동 작업을 하는 것이다.

장애인 인식개선 교육도 하나의 중요한 장애인예술 콘텐츠가 될 수 있다.
장애예술인들이 예술을 매개로
직장 내 장애인 인식개선 교육 강사로 나서는 것이다.

제3장

연구 방법 및 분석

제1절 장애예술인 고용 FGI[6)]

1. 연구 참여자

1) 장애예술인

본 연구에서는 장애예술인 고용지원제도에 대한 의견을 제공해 줄 수 있는 당사자들의 의견을 직접 수집하는 방법으로 포커스 그룹 인터뷰(Focus Group Interview, FGI)를 진행하였다.

FGI는 2023년 8월 21일 오후 2시부터 4시까지 시각예술로 문학과 미술 분야에서, 오후 4시부터 6시까지 공연예술로 음악과 무용, 연극 분야에서 진행하였으며, 시각예술, 공연예술 각각 120분 가량 소요되었다. 연구 참여자는 문학(시, 평론), 미술(서양화, 동양화), 음악(작곡, 싱어송라이터), 대중예술(무용, 연극) 분야에서 각 2명씩, 모두 8명의 장애예술인이며, 장애 유형(지체, 뇌병변, 시각, 자폐성장애)을 고려하여 의도적 표집(purposive sampling)으로 선정하였다. 연구 참여자의 특성은 아래 〈표3〉과 같다.

〈표3〉 장애예술인 FGI 참여자 특성

구분	분야	성별	연령대	장애 유형	활동기간	장애 원인	학력
참여자1	문학	여	50대	뇌병변	20~30년	뇌성마비	전공관련 대학 졸업
참여자2	문학	여	50대	지체	20~30년	소아마비	대학원 졸업
참여자3	미술	여	60대	지체	10~20년	소아마비	고등학교 졸업
참여자4	미술	남	20대	자폐성	5~10년	사고 충격	고등학교 졸업
참여자5	음악	남	40대	뇌병변	10~20년	뇌성마비	고등학교 졸업
참여자6	음악	남	30대	시각	10~20년	선천성 백내장	고등학교 졸업
참여자7	무용	여	50대	지체	20~30년	척수마비 (낙상사고)	대학교 졸업
참여자8	연극	남	20대	뇌병변	5년 미만	뇌병변	대학교 졸업

---

6) 본 FGI는 본 연구소가 발표한 두 번째 보고서인 〈장애예술인 창작물 우선구매제도의 실행 방안〉 FGI와 함께 진행되었다.

연구 참여자의 특성별 구성 빈도는 〈표4〉와 같이 정리할 수 있다. 성별은 남성과 여성이 각각 50%이며, 연령대는 20대부터 60대까지 고루 분포되어 있는데 50대가 37.5%로 가장 많았다. 장애 유형은 지체, 뇌병변, 시각, 자폐성발달장애로 지체장애와 뇌병변장애가 동률로 합하면 75%로 절반 이상을 차지하였고, 활동기간은 10~20년과 20~30년이 동률로 합하여 75%였다. 학력은 대학 이상 학력이 50%이고 그 가운데 예술 전공률은 25%로 나타났다. 그리고 장애 정도는 7명이 심한 장애로 87.5%이다.

〈표4〉 장애예술인 FGI 참여자 구성　　　　　　　　　　　　　　　　　　　(단위: 명)

구분	특성	빈도	특성	빈도
성별	남	4	여	4
연령대	20대	2	30대	1
	40대	1	50대	3
	60대	1		
장애 유형 (주장애 기준)	지체	3	청각	0
	뇌병변	3	자폐성	1
	시각	1		
활동기간	5년 미만	1	10~20년	3
	5~10년	1	20~30년	3
최종학력	고등학교 졸업	4	대학교 졸업	4

2) 장애예술인 고용기업

장애예술인 고용은 사업주와 근로자의 계약 관계로 이루어지기 때문에 근로자인 장애예술인뿐만 아니라 사업주의 의견도 장애예술인 고용지원제도를 마련하는데 중요한 내용이 되기에 2023년 10월 20일(금) 오후 3시부터 2시간 동안 '장애예술인 고용지원제도 시행방안 연구 간담회'를 진행하였다.

이 간담회에는 총 9명이 참가하였으나 5명은 토론에 참여하였고, 나머지 4명은 참관인 자격으로 토론 중간중간 실무자로서의 내용 보완만 하였기에 본 연구에서는 5명의 토론자 의견으로 정리하였다.

토론자는 장애예술인들을 직접 고용하고 있는 와이즈와이어즈 홍구표 과장, 농심 인사팀 김우현 주임, 그리고 장애예술인 아웃소싱(outsourcing) 즉 취업알선 사업을 하고 있는 회사인 인트로맨 이응렬 본부장과 서울시에서 운영하는 서울커리어플러스센터의 박미라 팀장, 또 장애인고용을 관장하는 공공기관인 한국장애인고용공단 취업지원부 허성주 부장이 참여하였다.

2. 자료 수집 과정 및 인터뷰 질문

FGI 관련 가이드라인은 장애예술인에 대한 법적 규정과 장애인예술의 국내외 정책에 대한 문헌을 검토하여 연구위원의 자문을 받아 반구조화된 형태로 질문지를 개발하여 FGI에 활용하였다. 의사소통이 제한적인 발달장애인은 보호자가 인터뷰에 대신 참여하였으며, 참여자 중 시각장애인은 질문 내용과 기초 자료를 텍스트로 제공하였다. 인터뷰 내용은 참여자의 동의를 얻어 녹음하고, 축어록을 작성하여 분석하였다.

'장애예술인 고용지원제도 시행방안 연구 간담회'는 참가자에게 반구조화된 형태로 질문지를 개발하여 간담회 3주 전에 전달하였다. 질문 내용은 다음과 같다.

-장애예술인 고용이 현재 어떻게 실시되고 있는가
-시행에 어떤 어려움이 있는가
-고용을 촉진하기 위해 어떤 지원이 필요한가
-장애예술인 고용을 확장하기 위한 방안은 무엇인가

인터뷰 내용은 역시 참가자의 동의를 얻어 녹음하고, 축어록을 작성하여 분석하였다.

3. 연구의 엄격성과 윤리적 고려

본 연구에서는 동료집단의 구성과 자료를 남기기 위해 연구 엄격성 확보에 노력하였다. 자료 수집과 분석 과정은 연구위원의 자문을 통해 진행되었다.

연구 참여자들에게는 사전에 연구 목적과 내용에 대해서 충분히 파악하도록 고지하였으며, 연구 질문지를 인터뷰 일시 3주 전에 송부하여 충분히 생각하고 인터뷰에 응하도록 하였다. 또한 연구 참여자들의 개인정보 노출을 최소화할 것을 약속하는 등 윤리적 고려를 하였다.

'장애예술인 고용지원제도 시행방안 연구 간담회' 참가자 5명은 현장에서 장애예술인 고용업무를 담당하고 있는 실무자로 한 달 전에 각각 간담회 개최와 실무자 참가를 요청하는 공문을 발송하여 참가 확인을 받았고, 실명 사용에 대한 양해를 받은 상태로 인터뷰 내용에 윤리적인 문제가 될 것은 없으며 오히려 내용에 신뢰도를 높였다.

제2절 내용 분석

1. 장애예술인

1) 시각예술
(1) 고용 형태

연구 참여자들 가운데 장애예술인으로 취업이 된 경우는 자신의 사례와 함께 다른 사람의 사례를 소개하였지만, 문학처럼 아직 취업이 이루어지지 않은 분야는 할 말이 없었다.

> 안양시청의 문화일자리사업에 참여하고 있는데 한 달 실 수령이 한 54만 원 대신 52시간 근무하고 그림을 안 가져가죠. 사진만 찍어서 제출하면 돼요. 그 대신 일지를 쓰죠.
> 화성에도 일자리가 있는데, 거기는 작품을 준다고 하더라구요. 어쩌다 한 번씩은 주제도 정해 준데요. 월급을 180만 원 정도 받는 곳은 아주 드물고 110만 원, 120만 원이 제일 많아요(연구 참여자3).

> 주제도 주고 매일 그림을 그리고 그렇게 하면 예술 작품이라기보다 공장식 찍어 내는 생산품처럼 되는 경향이⋯(연구 참여자2).

> 서울시 산하 커리어 플러스센터에서 발달장애예술인 취업을 알선해 주고 있는데 재택근무 100%, 4시간 근무예요. 근무의 증빙은 이메일로 체크를 하던가 기업의 앱을 다운받아서 체크를 해요. 월급은 120만 원에서 160만 원 사이가 제일 많은 것 같아요.
> 근무 성과물로 예전에는 매달 10호 1점씩이었는데 요즘은 분기별로 4번만 내면 돼요.
> 우리 아들은 서울시향에 취업된 상태인데 서울시 산하 단체다 보니까 좀 자유스러운 분위기예요. '작가를 존중한다. 너가 그리고 싶은 그림을 몇 점이든 한 점이든 두 점이든 그려서 갖고 와라!'고 해요.
> 대부분이 기간제입니다. 보통 2년이고, 계약이 끝난 작가들은 다른 기업을 찾아 전전하는 경우가 많다는 거⋯(연구 참여자4).

연구 참여자들이 말한 장애예술인 고용 형태는 보통 4시간 근무에 재택근무로 월급 규모는 110만 원에서 최고 180만 원까지이며, 분기별로 10호 사이즈 그림을 회사에 납품하면서 2년 동안 근무하는 형태이다.

(2) 근무 성과물

근무에 대한 성과물로 미술 분야는 그림을 제출하면 되지만 아직 고용이 이루어지지 않고 있는 문학은 근무 성과물로 무엇을 회사에 제출할 것인지가 분명하지 않아서 여러 가지 의견을 내놓았다.

> 개인적인 작품을 포스팅하는 플랫폼으로 브런치 같은 게 있잖아요. 브런치는 작가별 작품들이 쌓이면 거기에서 책을 내주기도 하고… 우리도 그런 플랫폼이 있었으면 좋겠어요.
> 장애예술인 플랫폼 문학 코너에 올린 글로 근무 성과를 증명하고, 나중에 모아지면 그걸로 책을 낼 수 있었으면 해요(연구 참여자2).

> 회사에서 나오는 월간지나 주간지 있잖아요? 거기에 매달 글을 쓰고, 월급 받고… 그러면 되잖아요(연구 참여자1).

정리해 보면 사보에 글을 발표하는 방법과 장애인예술 플랫폼 문학 코너에 계속 작품을 올리는 방법을 제안하였다.

(3) 개선점

> 저는 좀 기회가 어느 한쪽으로 쏠리지 않고, 균등하게 골고루 돌아갔으면 해요(연구 참여자3).

> 기획사에서 보통 작가도 협업 시스템으로 이루어지게 되잖아요. 비장애인 작가들이 협업하는 드라마 시스템 안에 장애인 작가도 의무고용이 되도록… 그거는 안 되는 건가요?
> 각 기업마다 장애문학인을 위한 창작지원금을 1년에 한 번씩 대 주어서 그 지원금으로 작품을 한다든지…(연구 참여자2).

일상을 무시하는 예술은 저는 예술이 아니라고 보거든요. 그래서 앞으로는 작가들도 출퇴근하는 것이 필요해요(연구 참여자4).

현재로서는 취업이 미술과 음악 분야에서만 고용이 이루어지고 있기 때문에 균등하게 기회가 돌아갔으면 좋겠다고 하였고, 문학은 일반 기업도 좋지만 드라마 제작사에서 장애문인들을 고용하는 것이 합리적이고, 기업에서 월급을 창작지원금 형식으로 지급하여 자유롭게 창작 활동을 하는 방안을 제시하였다.

또한 발달장애화가는 출퇴근을 하면서 작가들이 세상과 단절되지 않기를 원했다.

2) 공연예술
(1) 고용 형태

공연예술 연구 참여자가 말한 고용 조건도 시각예술과 같았다. 그런데 차이가 있다면 음악은 미술처럼 개인적으로 취업을 하는 것이 아니라 팀으로 취업을 한다는 것이다.

4시간 근무를 하고 월급을 받는데, 지금 제일 못 받는 쪽이 한 80만 원, 100만 원 정도가 대체적이고… 120만 원부터 최고 150만 원까지 받는 것 같아요(연구 참여자7).

장애인은 고용하지만 장애인의 파트너는 고용이 안 됐어요. 나는 스탠딩 파트너가 있어야 연습을 할 수 있는데…(연구 참여자7).

장애예술인 고용 기간이 2년이잖아요. 그 이유가 2년까지 고용장려금을 받기 때문이예요(연구 참여자6).

-성과급이 필요해

일을 하면서 내가 뭔가 열심히 하면 금액이 더 올라갈 여지가 있으면 좋은데 금액이 고정돼 있으니까… 10년 했든 5년 했든 다 똑같은 봉급을 받잖아요. '나도 좀 퀄리티를 올려야겠다.' 이런 마음이 들게 하는 인센티브가 있어야 될 것 같아요(연구 참여자6).

-새로운 고용 형태

　　학교나 기관은 장애인 인식개선 강의를 의무적으로 실시하는데 강의가 재미가 없으니까 공연으로 해 달라는 요청이 있어요. 교육청에서 장애예술인들을 고용해서 예술을 통한 교육 프로그램으로 정착시키면 좋겠다는 생각은 들어요. 연극 형식으로 내용을 전달하는 거예요 (연구 참여자6).

　　강의 같은 경우에는 꼭 법적으로 들어가야 되는 내용들이 꽤 있어 가지고, 누가 가던지 간에 똑같은 내용이예요(연구 참여자8).

　　작곡가는 일반 기업에 취업하면 할 일이 없죠. 음반 제작사나 엔터테인먼트 그런데서 일해야 하는데(연구 참여자5).

　　서울시 같은 곳에도 로고송 같은 거 만들거든요. 그런 작업에 장애인 작곡가의 일이 있다고 생각해요(연구 참여자6).

　일한 내용에 따라 성과급을 준다면 자기 발전이 되어 퀄리티가 높아질 것이라고 하면서 작곡가는 음반 제작사나 엔터테인먼트 회사에서 고용하고, 공공기관에서 예술과 관련된 사업을 할 때 장애예술인을 참여시키는 것이 합리적이며, 장애인 인식개선 교육을 강의 형식이 아닌 공연이나 연극 형식의 프로그램으로 만들어서 장애예술인들이 교육청 소속으로 활동하는 방안을 제안하였다.

(2) 근무 성과물

공연예술 분야 연구 참여자도 근무 성과물에 대한 고민이 많았다.

　　저 같은 경우에는 사진작가와 매칭해서 그분하고 함께한 작업물들이 성과로 이어지게 하면 될 것 같아요. 예술적인 사진들이 더 많거든요. 휠체어 바퀴를 껴안고 있는 사진이라든지 그런 이미지 사진들은 기업 이미지 캠페인 광고에 사용하면 좋잖아요(연구 참여자8).

여러 장애예술인들이 함께 협업한 창작의 성과물에서 자기가 담당한 부분을 표시해서 유튜브에 올리면 되지 않을까요(연구 참여자5).

홍보물을 만들 때 음악을 만들어 주시면 거기에 안무를 해서 그걸로 영상을 만들고, 그러면 상승효과가 있지 않을까요(연구 참여자7).

모델은 사진작가와 함께 공익적인 이미지의 작품을 만들고, 음악이나 무용은 서로 협업하여 공동 작품을 제작하여 성과물을 만들자고 하였다.

(3) 개선점

연구 참여자 즉 장애예술인들이 가져야 할 태도에 대해 좋은 의견이 나왔다.

'장애예술인들이 대체 회사에 무슨 도움을 줄 수 있지?' 이런 홍보가 안 돼 있어서 우리를 찾지 않을 거예요. 우리가 회사에게 뭘 줄 수 있는지 이런 자체 고민이 없어서 고용이 안 늘어난다고 생각하거든요. 장애예술인을 고용했을 때, 어떤 시너지를 낼 수 있는지 이런 것도 우리가 스스로 홍보해야 해요(연구 참여자6).

그냥 잠시 장애인을 고용해서 벌금 안 내는 것, 최소한 그것만 지키는 기업도 많지 않아요(연구 참여자7).

장애인고용 그런 걸 하면 보통 착한 기업으로만 어필 되는데… 그거 말고 다른 것이 있어야 흥미를 좀 느끼지 않을까 하는 생각이 들어요(연구 참여자8).

사회적기업에다 도움을 받을까 하다가 크게 사기를 당한 적이 있어서 신뢰할 수 있는 표준사업장이 장애인예술을 위탁받아야 해요(연구 참여자5).

물론 출퇴근을 하고 싶어하는 사람도 있고 안 하고 싶어하는 사람도 있을 텐데 출퇴근은 교통문제 등 해결해야 할 문제들이 있어요.
위탁 기관이 있으면 회사 입장에서는 관리자가 다 해 주니까 편하죠. 하지만 관리자 인건비가 들어가기 때문에 지출이 발생해요(연구 참여자6).

기업이 장애예술인을 고용하는 것은 단순히 고용부담금을 내지 않기 위해서 또는 착한 기업으로 인정을 받기 위해서가 아니고, 그 이상의 무엇이 있어야 기업에서 장애예술인 고용에 적극적인 자세를 가질 수 있다는 것이다.

그래서 장애예술인 스스로 회사에 어떤 이익을 줄 수 있는지를 고민해야 한다고 하였다.

2. 장애예술인 고용 기업

1) 고용 방식

'장애예술인 고용지원제도 시행방안 연구 간담회'의 토론에 와이즈와이어즈 홍구표 과장, 농심 인사팀 김우현 주임, 그리고 장애예술인 아웃소싱(outsourcing) 즉 취업알선 사업을 하고 있는 회사인 인트로맨 이응렬 본부장, 서울시에서 운영하는 서울커리어플러스센터의 박미라 팀장, 또 장애인고용을 관장하는 공공기관인 한국장애인고용공단 취업지원부 허성주 부장이 참여하였다.

－홍구표: 장애미술인 고용 10년
　　　2013년부터 시작을 해서 현재까지 총 25명의 작가님과 진행을 했고, 현재는 네 분이 취업 상태입니다.
　　　장애예술인 고용을 시작하게 된 배경은 회사에서 장애인고용부담금을 내는 것보다 효과적인 방법으로 고용할 수 있는 방법을 고민하다가 장애인화가분을 채용하게 되었어요.
　　　처음에는 장애미술인들이 어디에 있는지조차 모르기 때문에 어려움이 있었지요.
　　　저희는 정규직으로 채용을 하지 않고 계약직으로 채용을 하는데, 그 이유는 보다 많은 분들에게 기회를 드리자는 취지에서 기본 1년에 연장 1년 최대 2년까지 진행을 하고 있어요.

－김우현: 장애음악인 18명 고용
　　　장애예술인을 채용해서 직원들에게 연주를 들려줄 수 있는 기회를 정기적으로 만들면 어떨까 하는 생각을 하게 되었어요. 그래서 경영진에게 말씀을 드렸고, 좋은 답변을 경영진께서 해 주셔서 최종적으로 18명의 발달장애음악인을 채용을 할 수 있게 되었습니다.

심포니라고 명명했지만 밴드에 조금 더 가까운 형태입니다. 피아노도 있고, 기타도 있고, 보컬도 있고, 색소폰도 있고, 여러 가지 악기로 구성되어 있는데 그분들이 상시 모이지는 않으시고요. 일반적으로 재택을 하시다가 저희가 연주 의뢰를 드리거나 또 외부 연주를 가실 일이 있을 때는 모여서 연습을 하기도 합니다.

직접 관리하는 것은 너무나 많은 리소스(resource, 자원)가 들어가기 때문에 협력업체(아트 위캔)에서 근무 일지를 작성하고 연습이나 공연 영상 같은 것을 올려놓고 있어요.

-박미라: 만족도 높은 편

2022년부터 기업에서 계속 장애예술인 고용 의뢰가 왔었어요. 2명의 장애예술인을 모집하려고 한다. 이런 식으로… 저희한테 의뢰가 오면 구인 공고를 올리죠. 그러면 그걸 보고 지원을 하세요. 기업에 작가 포트폴리오를 제출을 하면 기업의 성격이나 성향에 맞는 분들을 골라 면접을 통해 채용을 하시더라고요.

저희가 하는 서비스는 매일 재택근무 활동 일지를 간단하게 정리해서 한 달 단위든 주 단위든 기업체에 알려 주고 또 한 달에 한 번씩 작품을 제출할 수 있도록 체크해 드리는데 기업과 장애예술인 둘 다 만족도가 매우 높아요.

저희는 급여를 최저 시급에서 시작해서 재료비가 10만 원 정도로 낮게 책정되었었는데, 지금은 계속 수준이 올라가고 있어요. 그래서 현재는 145에서 150, 160만 원 정도까지 올랐어요.

-허성주: 4시간 재택근무 형태

사업자 입장에서는 어떻게 하든 사람이 많은 게 유리하거든요. 한 사람이 여러 시간 근무하는 것보다 8시간 근무할 것을 4시간씩 두 사람이 쪼개서 하는 경우가 훨씬 더 유리해요. 그래서 4시간만 근무를 하기 때문에 월급이 적은 듯하지요. 최저임금하고 연동이 되니까 매년 조금씩은 인상될 거예요.

국정감사 자료를 내면 '왜 공단에 4시간 근로자가 이렇게 많아?'라고 해요. 질 나쁜 근로가 아니냐, 8시간씩 근무해야지 4시간 근로하면 월급을 반밖에 못받지 않느냐고 질타를 하죠. 근데 저희 입장에서는 발달장애인이나 정신장애인 같은 경우에는 짧은 시간을 원해요. 보통 저희가 상담을 해 보면 한 4시간 근무하고 오후에는 센터에 가서 프로그램에 참여하더라고요.

와이즈와이어즈는 2013년부터 미술을 기반으로 가장 오랫동안 장애예술인을 고용하고 있는 모범적인 기업으로 홍구표 과장이 처음부터 지금까지 장애예술인 고용 업무를 맡고 있어서 장애예술인들과 소통을 많이 하고 있다.

2023년에 18명의 발달장애음악인을 고용한 농심은 대기업의 장애예술인 고용의 모범적인 사례가 되고 있다. 김우현 주임은 형이 발달장애음악인이어서 발달장애인 음악에 대한 이해와 애정이 깊었다.

인트로맨은 채용대행 서비스 회사로 일찍부터 장애인고용을 실시하였고, 장애예술인 고용의 선두 기업으로 이응렬 본부장은 하나은행에서 급여 180만 원으로 장애예술인을 고용하도록 만드는 등 장애예술인 고용을 업그레이드시키고 있다.

2) 시행의 어려움

장애예술인 고용 업무를 진행하면서 어떤 어려움이 있었는지 현장에서 겪은 현실적인 문제점들을 알아보았다.

-이응렬: 산재 리스크

기업들이 원하는 부분과 직업을 원하는 장애인분들 사이에 괴리가 좀 있더라고요.

기업과 미팅을 해 보면 첫 번째로 걱정하시는 게 산업재해에 대한 부분들이에요. 도입 단계이기 때문에 기업들 입장에서는 이게 분명한 리스크(risk, 위험)로 보여질 거예요. 미술은 작품이라는 아웃풋(output, 결과물)이 분명한데 음악인 경우는 아웃풋이 명확하게 드러나지 않는다고 생각할 수 있거든요.

앞으로 미술 외에 다른 장르의 고용도 다각적으로 검토해 보자는 의견이 있어요. 어느 한 장르에 치중되는 것도 문제가 되지 않겠느냐는 생각을 갖고 있어요.

-허성주: 근로자성 인정 조건

장애인 의무고용이 적용되는 기업은 장애인을 고용함으로써 부담금이 감면되고, 장애인 의무고용이 없는 업체에서 장애인을 고용하면 장려금을 월 100만 원씩 받기 때문에 노동법상의 근로자라는 조건을 엄격하게 판단해요.

장애인체육은 근로자 성격을 인정받았기 때문에 활성화가 되었는데, 장애인예술은 아직까지 체계가 잡히지 않았어요. 그래서 장애예술인을 채용하면 근로자로 인정이 되느냐, 부담금 감면을 받을 수 있느냐, 장려금 받을 수 있느냐는 질문을 많이 하세요.

자신이 좋아하는 연주를 하고, 그림을 그리는 일을 하면서 직장에서 월급을 받을 수 있다면 진짜 좋은 고용 모델이잖아요. 그럼에도 불구하고 근로자성 판정 여부라든지 관리하는 부분이 아직 시장 상황을 못 따라가고 있는 것 같아요.

-김우현: 정량적인 지표

사실 누군가를 채용한다는 것은 사업자한테는 항상 부담 요인으로 작용해요. 그래서 심포니 전체 연습을 최소화하는 방향으로 가다 보니까 근로자성에 대한 지적을 받는 것 같아요.

그런데 서울시향 단원들이 집에서 연습을 한다고 근로자가 아닌 걸까요? 음악의 특성상 모두 모여서 연습을 하기에 앞서 개인 연습이 필요해요. 그래서 서울시향 단원들은 자기의 명예와 사회로부터의 시선을 만족시키기 위해서 집에서 연습하죠. 장애음악인들이라고 그런 경우와 다를 바가 있을까요?

미술품은 정량화가 되는데 공연은 일의 양을 따지기가 굉장히 어려워요. 예를 들면 새로운 곡 다섯 곡을 연습했어요. 그 다섯 곡을 5일 만에 한 건지 한 달 만에 한 건지 어떻게 판단하겠어요?

하지만 기업 입장에서는 어쩔 수 없이 정량적인 목표가 있어야 해요. 그 가이드라인을 제시해 주셔야 저희가 그것에 맞춰서 움직일 수 있지요. 정량적인 지표로 나와야 근로자성을 인정받을 수 있으니까요.

-홍구표: 컨택 포인트 찾기

벌써 10년 정도 진행하니까 작품 수만 해도 거의 천 점이 넘어가요. 그래서 작품을 보관하기 위해 별도의 창고를 렌트하고 있어요. 초창기에는 전시회를 열어서 판매 수익금에 대해서는 전액 기부할 생각도 가지고 있었는데, 작품이 안 팔려요. 그러다 보니까 전시를 기획하지 못하고 있죠.

현재 가장 큰 어려움은 장애예술인과 컨택 포인트(contact point)가 정확하지 않다는 거예요.

구인을 위한 홍보 자체가 어려워요. 홍보를 또 어디에다 해야 될지도 모르고 있어요. 저희한테 지원해 주시는 분들께 의견을 들어 보면 '어디에서 봤는데 한번 지원해 봐라.'라고 주위에서 알려 주셨다는 거예요.

누군가는 정보를 잘 취득하는 반면 누군가는 정보를 취득하지 못하는 정보의 비대칭이 매우 심하다는 생각이 들었어요.

저희는 매달 10호를 기준으로 하고 있고, 작가님들을 한 달에 한 번씩은 찾아뵙는 게 좋겠다 싶어서 작품을 제출하실 때 근황도 여쭤 보며 소통을 하고 있는데 이 포맷을 계속 가져가는 게 유리할 것인가, 아니면 하나은행이나 메리츠증권처럼 대폭 그런 기준을 좀 낮추는 게 좋을까 하는 고민이 있습니다.

현장에서 장애예술인 고용 업무를 실시하면서 느낀 어려움이라서 토론 내용 가운데 가장 많은 부분을 차지하였다. 가장 큰 어려움은 장애예술인의 창작 활동이 근로자성을 인정받을 수 있느냐 하는 문제였다. 「예술인복지법」 제2조 2항에 예술 활동을 업(業)으로 규정하고 있으나, 기업은 「근로기준법」에 따라 고용을 하기 때문에 아직 근로자로 인정하는데 걸림돌이 있다.

그래서 재택근무 운영 방식과 근무 성과물에 대한 판단에 있어서 정량적인 지표를 원하고 있다. 한마디로 장애예술인 고용은 이렇게 실행하라는 매뉴얼이 필요한 것이다.

10년 동안 장애미술인을 고용한 와이즈와이어즈에서 장애예술인과의 공적인 컨택 포인트(contact point)가 있어야 좀 더 폭넓게 장애예술인들을 고용할 수 있다고 하였다. 초창기 몇몇 단체로부터 추천을 받다 보니 그것도 하나의 권력이 되는 듯한 느낌을 받았다고 하면서 공적인 채널을 통해 장애예술인을 선발하는 것이 바람직하다고 하였다.

3) 성과

장애예술인 고용으로 얻은 성과를 통해 장애예술인 고용지원제도의 가능성을 타진해 보았다.

-허성주: 문의 전화 증가

기본적인 테두리만 어느 정도 갖춰지면 장애예술인 고용은 활성화될 것 같아요. 대기업에서 관심이 많아요. 인사팀이나 사회공헌팀에서 문의 전화를 많이 하거든요. 앞으로 고용시장 수요는 굉장히 많을 거라고 봅니다.

현재 저희가 근로자성을 인정하겠다고 가이드라인을 좀 준 상태예요. 근데 또 같은 미술 장르여도 디자인이나 공예 등 세부 전문 분야에 따라 회화와는 일하는 형태가 다르기 때문에 연구해야 할 과제가 많아집니다.

-박미라: 작품에 대한 반응 긍정적

회사 측에서 처음에는 그냥 형식적으로 '장애예술인을 고용했다.' 하는 정도로 가볍게 생각하다가 작품을 보고 아주 좋아하면서 사내에 전시도 하시고, 외부에 선물도 하시고 그러더라구요.

-홍구표: 기업 비전에 도움

저희는 작품에 대해서는 전혀 관여를 하지 않아요. 왜냐하면 그것은 작가님들의 창작 영역이니까요. 그런데 오히려 작가님들께서 물어보시더라고요. 와이즈와이어즈와 관련된 내용을 그리고 싶은데 회사가 현재 추구하는 비전이 뭐냐구요. 그렇게 해서 창작된 작품은 회사 구성원들은 물론이고 외부 손님이 오셨을 때 그 작품을 보여 주면서 작품이나 작가에 대해 설명할 수 있는 기회가 생기더라구요.

젊은 여성 작가였는데 저희와 연결이 되어 직원으로서 월급을 받으시면서 생활에 변화가 생기셨어요. 여행을 가기 시작하신 거예요. 여행을 통해서 작품도 다양해지고 성격이 아주 밝아졌어요. 그것이 저희가 원했던 모습이지요. 직업을 갖는다는 것은 자신감을 갖고 도전하게 만드는 것 같아요.

-김우현: 이런 일은 포기할 수 없겠구나

우리 회사도 장애인을 고용할 때 누구나 할 수 있는 아주 단편적인 일을 맡길 수밖에 없어요. 그런데 그 직무에서 뭔가를 못 찾으니까 장기 근속으로 이어지지 않는 거예요.

하지만 장애예술인들은 달랐어요. 연주회장에서 연주를 마치고 좋아하는 표정들을 본 순간 '이런 일은 포기할 수 없겠구나.'라는 생각이 들었어요. 그리고 연주회를 감상한 직원들의 반응도 남달랐어요. 감동과 감사로 환호하며 큰 박수를 보냈죠.

서로 만족스러워하는 것이 눈에 보이니까 너무나 감사했어요. 아, 이런 것이 바로 보람이구나 싶었죠.

허성주 부장은 한국장애인고용공단에서 근로자성 인정에 대한 가이드라인을 기업에 알려 주고 있으며 최근 들어 기업에서 장애예술인 고용에 대한 문의 전화가 증가하고 있다고 하였다. 서울커리어플러스센터 박미라 팀장은 기업에서 처음에는 형식적으로 장애예술인을 고용했지만 작품을 보고 난 후에는 긍정적인 반응을 보인다고 하였으며, 와이즈와이어즈의 홍구표 과장은 작가 스스로 기업 비전을 주제로 작품을 만들자 회사에 찾아오는 손님들에게 작품에 대한 설명을 하게 되었다는 에피소드도 전해 주었다.

농심의 김우현 주임은 연주회 무대에 선 발달장애음악인들과 관객인 직원들의 반응을 보고 장애예술인 고용에 대한 확신을 갖게 되었다고 하였다.

4) 보완점

장애예술인 고용에 어려움도 있었지만 성과도 있는 만큼 장애예술인 고용을 위해 보완해야 할 점들을 살펴보았다.

-이응렬: 작가 급여 경력에 따른 봉급

이 시장에서 우리가 남들보다 한발 앞서서 시작했기 때문에 우리가 책정한 금액이 시장가로 형성될 수 있겠구나 싶어서 합리적인 기준을 찾으려고 해요.

'이 작가님은 이 정도 약력과 이 정도의 경력이 있기 때문에 급여가 이 정도는 책정이 돼야 될 것 같습니다.'라고 그레이드(grade, 등급)별로 제안을 하는 방안을 만들고 있습니다.

비장애인 근로자들도 경력에 따라서 임금의 차등을 두고 있듯이 장애예술인도 그런 구분이 필요하지 않을까 생각해요.

한동안 여기저기서 전화가 많이 와서 미팅 다니기 바빴는데 그 시즌이 딱 꺾이고 나면 '검토해 보고 연락드리겠습니다.'라고 해요. 그 후 잠잠합니다.

-허성주: 공적 기관 필요

현재 가장 큰 문제는 관리 부분이예요. 체육선수는 대한장애인체육회라는 공적 기관이 있기 때문에 저희가 '이런 기관이 있으니까 상담을 한번 해 보세요.' 이렇게 안내를 하는데 예술 쪽은 그게 없으니까 저희 지사에서 알음알음으로 소개를 하고 있어요. 그렇다 보니 공적인 영역으로 들어오기가 힘들죠.

저희 입장에서는 최우선적인 것이 라이센스(license, 자격증)예요.

공식적으로 '이 사람은 업(業)으로 그림을 그릴 수 있는 자질을 갖춘 사람이야.' 이 정도는 정리가 돼야지 다음 단계로 진도가 나갈 수 있을 것 같아요.

-홍구표: 작가 정보 시스템

좋은 작가분들을 모실 수 있었으면 해요. 좀 더 많은 분들한테 정보가 전달될 수 있는 채널이 필요해요. 작가를 찾는데 시간이 많이 걸리거든요. 좀 더 수월하게 작가를 모실 수 있는 시스템이 마련되었으면 합니다.

검색으로 작가를 찾아서 '저희가 모시고 싶습니다.'라고 안내 메일을 보내고 답장을 기다리는 과정으로 진행을 하다 보니 고용이 완성되기까지 시간이 많이 걸려요.

그래서 장애인예술 관련 공공기관과 연계할 수 있다면 효과적일 것 같아요.

그런데 2년 계약이 끝날 즈음 하시는 말씀은 '혹시 다른 데는 없나요?'라고 우리처럼 장애예술인을 고용하는 기업이 있는지 궁금해하세요. 그래서 요즘은 연계해 드릴 수 있는 방법이 있었으면 좋겠다는 고민을 하고 있어요.

-김우현: 원스톱(one stop)으로 해결

현재로서는 장애예술인을 고용하는데 제약이 너무 많다는 느낌을 받았어요. 왜냐하면 저희가 이번에 장애예술인 고용을 진행하면서 여러 군데 상담을 해야 했어요. 공단도 본사와 지사를 거쳐야 해요. 기업은 원스톱(one stop)으로 해결되기를 원하죠. 진행하다가 너무 복잡하면 포기할 수 있어요. 근로자성에 대해서 엄격하게 들어가기 시작하면 저희는 장애예술인 직원들을 채용할 수가 없어요. 왜냐면 정말 크고 작은 문제들이 너무 많이 생겨서 일반 직원들의 입장에서 바라봤을 때는 계속해서 근로계약을 유지할 수 없는 부분도 있으니까요. 그런데 조금 다르다는 측면을 인정하면 쉽게 해결이 되죠. 장애예술인 고용에는 룸(room, 여지) 즉 예외 규정이 필요하다고 봐요.

-이응렬: 스탠다드한 규정 마련

예외로 적용한다는 게 무척 어려운 것 같아요. 하나의 예외를 적용하기 시작하면 모든 케이스들이 예외 적용을 원하거든요. 그래서 예외를 적용하기보다는 이런 것들에 대한 빠른

제도화가 더 필요하지 않을까 합니다. 모든 사람들에게 각자의 사정에 맞는 예외를 다 적용해 준다기보다는 어느 정도 스탠다드한 규정이 마련되면 기업들도 따라가기 편하고, 관(官)도 관리하기가 좀 더 편하고, 협회들도 협회원들과 소통하기가 좀 더 수월해지지 않을까요.

체육인들은 대한장애인체육회에 등록이 되어 있기 때문에 장애인선수들은 근로자로 고용하는 것에 대해 어느 정도 인정이 됐다고 봐요.
어떤 객관적인 지표나 기준이 있어야 해요. 그래서 비즈니스적으로 기업들에게 소개를 할 때 이 작가님은 어디에 소속되셔서 몇 년간의 작품 활동을 하셨고 이런 것들이 필요해요. 그냥 개인전 몇 회 이것만으로는 장애예술인이라는 인식이 약해요. 신뢰할 수 있는 어떤 기관에서 인증을 받아야 합니다.

장애예술인 고용에 봉급이 일률적인 것은 합리적이지 않기 때문에 경력별 급여 책정이 필요하며, 기업에서 장기적인 계획을 갖고 장애예술인을 고용하는 것이 아니라 장애인고용률 발표를 앞두고 발등에 불이 떨어지면 부랴부랴 장애예술인들을 고용하겠다고 하는 행태는 사라져야 한다고 지적하였다.

기업에서 장애예술인을 고용할 때 고용 과정이 원스톱(one stop)으로 진행되기를 원하는데 너무 과정이 복잡하고 그 어디에서도 정확한 답변을 받지 못해 지연되다 보면 장애예술인 고용이 무산될 수 있다고 하였다.

장애인고용에 대한 표준화된 규정이 마련되어야 하고, 이 규정을 관리하는 공공기관이 필요하며, 당장 시급한 것은 작가 정보 시스템 구축이라는 의견도 있었다.

5) 제언

장애예술인 고용을 활성화시키기 위한 제언으로 장애예술인 고용지원제도의 발전 방향을 살펴보았다.

-홍구표: 작품 활용 방법 찾아야

발달장애인 그림은 좀 달라요. 색감이 화려하고, 생각하지 못했던 구상들이 나오기 때문에 그런 것들을 굿즈로 만들거나 아니면 다른 형태로 사용하면 좋을 것 같다는 생각을 많이 해요. 우리는 작가들 작품으로 탁상 달력을 제작하고 있거든요. 디자인을 원하는 기업과도 연계할 수 있는 방법들을 모색했으면 좋겠어요.

-허성주: 장애인생산품과 협업

소화기에 발달장애인 그림을 씌워서 판매를 했는데 반응이 좋았어요. 장애인생산품 우선 구매를 해야 하는 공공기관 입장에서는 단순한 소화기보다는 '이게 발달장애인들이 그린 작품이다.'라는 의미 있는 상품을 사고 싶어하거든요. 그래서 장애인생산품을 만들 때 장애인예술과 협업하는 것이 좋을 듯해요.

-김우현: 장기 근속 방법

기업 입장에서는 장애예술인 고용에 표준사업장 방식을 선호해요. 관리도 쉽고, 리스크를 줄일 수 있는 방법이거든요. 왜냐하면 표준사업장에서 근무 상태, 연차, 휴가 등 모든 것을 챙기게 되니까요. 본사 기준에 따라서 휴가를 줘야 하는지 말아야 하는지 판단하는 것이 장애인에 대해 잘 모르는 기업에서는 매우 까다로운 일이거든요.

장애인 입장에서 보면 기업에서 2년 단위의 단기 계약직으로 전전긍긍하시는 것보다는 표준사업장에서 장기 근속하실 수 있는 것이 오히려 좋지 않을까 싶어요.

-이응렬: ESG 실천으로

와이즈와이어즈에서 지적하였듯이 작품이 계속 모이면 그것을 어떻게 할 것인지도 생각해 봐야 합니다. 이 작품들이 소비가 되거나 순환이 돼야 하는데 지금으로서는 한계가 있거든요.

세계적인 트렌드가 ESG에 집중하고 있고, 기업들이 ESG를 홍보하기 제일 좋은 건 장애인 채용 쪽이거든요. 대다수의 기업들이 트렌드가 나오면 그 트렌드에 쫓아가다가 어느 순간 다른 쪽에 더 포커스가 맞춰지면 흔한 표현으로 확 식어 버리죠.

이런 분위기가 시들기 전에 좀 빨리 움직여야 되지 않을까 싶어요. 그런 부분들이 민관정으로 움직여야 한다고 하지만 어쨌든 관에서 먼저 움직여야 나머지 부분들이 정책적으로 따라갈 수 있어요.

현재 장애예술인 고용에 기업들이 열린 자세를 갖고 있기 때문에 장애인 고용에 좋은 케이스인 것은 분명해요.

-박미라: 다양한 아이템으로 접근

최근에 들어와서 장애예술인 채용이 많아지니까 저희는 아주 고무적인 현상이라고 생각하고, 당사자들도 본인의 재능을 살리면서 일자리까지 생기니까 좋죠.

장애예술인 채용으로 생긴 작품들에 대한 전시회 등 다양하게 활용할 수 있는 방안들을 함께 논의해서 작품이 새로운 역할을 했으면 좋겠어요.

그리고 재택근무이지만 그래도 작업 공간을 마련해 주신다거나, 아니면 기업에서 인큐베이팅 사업을 하면서 예술적 재능을 가진 장애인분들의 재능도 살려 주면서 그 기업에 어떤 기여를 할 수 있게끔 다양한 아이템들을 저희랑 같이 고민을 해 봤으면 좋을 것 같아요.

작가분들 프로필을 저희 센터 홈페이지에 공개하고 작품들을 선보이면서 적극적으로 홍보하려는 생각은 하고 있어요. 기업에서도 소속된 장애예술인이 있다면 우리 기업에 이런 예술인이 있고, 이런 작품들이 있다는 거를 홈페이지든 뭐든 좀 더 다양하게 홍보를 해서 많이 알려 주셨으면 좋겠다는 생각이 듭니다.

-김우현: 광고로 활용하도록

창립기념일 연주회에서 자작곡을 변주해서 CM송을 만들었어요. 너무나 열심히 준비해서 연주를 하셨어요. 그걸 듣고 있으니까 '저거를 그냥 우리 광고할 때 실어도 문제가 없겠다.'라는 생각이 드는 거예요.

회사의 어떤 광고나 이벤트에 충분히 도움을 주실 수 있을 것 같고, 다만 지금 너무 초기 모델이어서 경영진까지 공감대 형성이 안 돼 있지만 연주하는 걸 실제로 보셨기 때문에 앞으로 달라질 수 있죠. '그때 보셨던 일부분을 광고에 태우겠습니다.'라고 하면 설득력이 있다고 봐요.

-허성주: 재택근무의 가능성

재택근무라는 것 자체가 기존의 근무 형태와 다르기 때문에 아직은 낯설지만 재택근무 형태도 인정을 받을 수 있다는 것을 코로나19를 겪으면서 경험했기 때문에 재택근무 모델을 저희도 계속해서 진행하고 있으니까 조금 지켜봐 주시면 좋을 것 같습니다.

장애예술인 고용 활성화를 위한 제언으로 홍구표 과장은 장애예술인 작품을 다양하게 활용하는 것이 필요하다고 하였고, 김우현 주임은 농심부터 장애음악인이 만든 CM송을 회사 광고로 사용하도록 건의할 생각이라고 하면서 장애예술인들이 비정규직이 아니라 장기 근속을 할 수 있는 방법을 찾아야 한다고 하였다.

　　이응렬 본부장은 기업 ESG 운영으로 장애예술인 고용을 실천하도록 하고, 박미라 팀장은 다양한 아이템으로 장애예술인 고용의 기초를 마련하는 것이 필요하며, 허성주 부장은 장애예술인 재택근무의 모형이 자리를 잡을 수 있도록 최선을 다하겠다고 다짐하였다.

제4장

장애예술인 고용지원제도

제1절 장애예술인지원 기본계획의 일자리 조성

「장애예술인의 문화예술 활동을 지원하기 위한 법률」(약칭 장애예술인지원법)이 2020년에 제정되어 장애예술인이란 용어가 법률로 정의되면서 장애예술인은 법적인 지위를 갖게 되었다.

「장애예술인지원법」을 시행하기 위해 '제1차 장애예술인지원 기본계획(2022~2026)'이 수립되었는데 5개 추진전략에서 두 번째는 장애예술인 일자리 등 자립기반 조성이다.

---

2. 장애예술인 일자리 등 자립기반 조성

2-1. 공공 영역의 일자리 확대

–장애인 인식개선 및 법령 개정을 통한 제도적 기반 마련

• 장애인 인식개선 교육 분야 지원 • 장애예술인 고용 지원

–지자체 · 공공기관 연계 일자리 창출

• 장애예술인 일자리 지원사업 확대[7] • 예술강사/파견지원사업 확대

• 예비전속작가제도 활용[8] • 장애예술인 공연장 연계 일자리 창출

2-2. 민간 영역의 일자리 확대

–부처, 민간 등 다자간 협력 및 고용인정제도 도입으로 고용 확산

• 협약형 고용모델 지원[9] • 장애예술인 고용인정제도 도입 • 고용 인센티브

–창업 지원 등 장애예술인 고용기반 확대

• 장애예술인기업 창업 지원[10]

• 사회적경제 기업 발굴

• 장애인표준사업장 육성 지원[11]

–장애예술인 맞춤형 훈련과정 개발 및 현장 인턴십 프로그램 운영

• 훈련과정 개발 • 인턴십 프로그램 운영

---

7) 서울시·경기도의 '권리 중심 중증장애인 맞춤형 공공일자리' 제도 활용.
8) 신진작가에게 안정적인 창작환경 제공, 화랑의 체계적 작가 발굴 및 육성 기반 조성.
9) 한국장애인문화예술원-한국장애인개발원-한국장애인고용공단의 다자간 협약.
10) 예술기업 지원사업 공모 시, 사업주가 장애예술인이거나 상시근로자의 30% 이상을 장애예술인으로 고용한 사업체 일 경우 가산점(각 2점) 부여(청년, 수도권 외 지역 우대사항과 공통 적용).
11) 장애인 10명 이상, 상시근로자 30% 이상, 최저임금 이상 금액 지급 기준 등.

장애예술인 고용지원에 대한 구체적인 내용은 5가지로 정리할 수 있다.

-장애예술인 일자리 지원사업 확대: 지자체 · 공공기관 등 공공 영역의 고용 주체 발굴을 통해 장애예술인(단체) 일자리 및 중증장애예술인 권리형 일자리 창출

-예술강사/파견지원사업 확대: 장애인복지시설, 노인복지관, 아동복지시설에 장애예술인의 예술강사 활동 확대 및 한국예술인복지재단의 예술인파견지원사업에 장애예술인 추가 · 운영

-예비전속작가제도 활용: 미술 분야 예비전속작가제 지원사업에 장애예술인 분야를 별도로 편성하고 인센티브 부여

-장애예술인 인정고용제도 도입: 기업이 예술 활동을 지원하고 장애예술인이 활동을 증명하면 고용으로 간주하는 상생 시스템 도입 및 확산

-고용 인센티브: 장애인예술단 설립 및 장애예술인 채용 기업 · 기관에 대해 예산 지원을 포함한 인센티브 발굴 · 확대

예술강사 파견지원사업과 장애예술인 일자리 지원사업은 손쉽게 실시할 수 있고, 예비전속작가제도나 고용 인센티브는 의지를 갖고 진행시키면 장애예술인 고용지원제도로 발전할 수 있다.

제2절 장애예술인 고용지원제도 모형

1. 장애예술인 취업 실태

'2021년 장애예술인문화예술활동실태조사'(약칭 장애예술인실태조사)에 나타난 장애예술인의 취업 실태를 정리하면 아래와 같다.

-전업이 높은 것은 직업이 없기 때문이다

'2021년 예술인실태조사'에서 전업 종사 여부에 대해 55.1%가 전업이라고 한 반면 '2021년 장애예술인실태조사'에서는 전업이 62.2%로 장애예술인의 전업율이 더 많은 것은 장애예술인의 취업이 어렵기에 예술 활동이 전업인 경우라고 해석할 수 있다.

장애예술인의 주 활동 문화예술 분야는 서양음악(27.2%)과 미술(26.8%)이 50% 이상을 차지했지만, 전업의 종사 분야로 공예 87.2%, 방송 82.5%로 나타나서 가장 많이 하는 활동 분야인 음악, 미술과 장르가 다른 것은 전업에 대한 이해가 서로 달랐기 때문이다.

일반적으로 예술에 있어서의 전업은 다른 직업 없이 예술에만 몰두하는 형태를 가리키지만 설문에 참여한 장애예술인은 예술 활동으로 수입이 발생하느냐를 기준으로 삼았다. 그래서 작업이 수입이 되는 공예와 바로 출연료가 지급되는 방송이 장애예술인 전업 종사 분야로 나타났다고 보여진다.

-고용 상태가 매우 불안정하다

지난 3년간 문화예술 활동 직업 고용 형태로 고용원이 없는 자영업자(1인 사업체) 34.5%, 파트타임 · 시간제 · 일용직 29.3%, 기간제 · 계약직 · 임시직 · 촉탁직 26.5% 순으로 나타났다.

이것으로 장애예술인의 고용 형태는 1인자영업, 시간제, 임시직이 90.3%로 매우 불안정 고용 상태이다. 정규직 6.1%, 고용원이 있는 자영업 3.5%로 안정적인 고용 상태는 9.6%에 지나지 않는다. 고용원이 있는 자영업도 수익을 올리지 못해 자영업자 본인의 인건비가 발생하지 않는 상태가 대부분이고 보면 정규직으로 급여를 받는 장애예술인 6.1%만 예술 활동으로 수입이 발생하고 있다는 것을 알 수 있다.

-문화예술 활동 수입은 월 18만 원에 불과하다

2020년 가계금융복지조사(통계청)에 의하면 장애인 가구 소득을 전국 가구와 비교하면 2019년 기준 연평균 4,246만 원으로 전국 가구 평균소득 5,924만 원의 71.7% 수준이다.

소득분위로는 하위분위(1~2분위)에 장애인 가구의 59.8%가 분포하는 등 저소득 가구 비중이 높으며, 소득원천별로는 근로·사업·재산소득(76.8%), 공적이전소득(19.6%), 사적이전소득(3.5%)으로 공적이전소득 비중이 높다(소득원에서 공적이전소득 비중이 높은 경향은 저소득 가구일수록 심화)[12]

장애예술인 가구 수입은 2020년 3,215만 원으로 2019년 기준 연평균 장애인 가구 수입 4,246만 원의 75.7%에 지나지 않는다. 장애인 가구는 공적이전소득이 19.6%로 전국 가구 공적이전소득 7.7%의 2.5배나 된다. 가구 수입 중에서 문화예술 창작 활동 수입은 연 218만 원으로 전체 수입의 6.8%에 불과하며[13] 월 수입으로 계산하면 18만 원 수준이다.

'2021년 장애인실태조사'에서 장애인 중 국민기초생활보장 생계급여 수급자 비율은 19.0%로 2017년의 15.0%에 비해 4.0%가 증가하여 장애인 가구의 경제적 자립도가 향상되고 있지 않다는 것을 알 수 있다.[14]

2. 장애예술인 고용지원제도

• 배경: 2023년 한국장애인고용공단 자료에 의하면 2022년 장애인의무고용을 이행하지 않은 민간기업은 전체 민간기업의 58%로 10곳 중 6곳에서 장애인을 고용하지 않아서 2022년 한해 민간기업에서 납부한 고용부담금은 7,438억 원이다.

장애인을 고용하지 않는 이유는 장애인에게 적합한 직무가 부족해서 15.0%, 업무 능력을 가진 인재가 부족해서 14.2%, 장애인 지원자 자체가 없어서 12.8%로 근무 환경이나 편의 시설 문제가 아닌 근로자 직무에 대한 어려움이 42.0%나 되었다. 그래서 장애인예술을 직무로 포함할 것을 제안한다.

---

12) 전국 가구의 근로·사업·재산소득(90.4%), 공적이전소득(7.7%), 사적이전소득(1.8%).
13) 예술인의 문화예술 창작 활동 수입 695만 원에 비하면 31.4%로 3분의 1 수준이다.
14) 전체 인구의 국민기초생활보장 수급율 3.6%(2019년 12월 기준)에 비해 약 5.3배 높음.

• 법적 근거: 「장애예술인지원법」 제11조(장애예술인고용지원)

① 국가와 지방자치단체는 장애예술인의 고용촉진을 위하여 사업주 및 국민을 대상으로 교육·홍보 및 장애인 인식개선 운동을 지속적으로 추진하여야 한다.

② 사업주는 장애예술인을 고용하여 창작 활동을 할 수 있도록 지원할 수 있다. 이 경우 국가와 지방자치단체는 사업주에게 필요한 비용의 일부를 예산의 범위에서 지원할 수 있다.

이 조항에 근거하여 장애예술인 고용지원제도를 마련하여야 한다. 사업주가 장애예술인의 예술 활동을 지원하면 고용한 것으로 인정하여 기업은 고용부담금을 면제받게 되고 장애예술인은 고용 상태로 경제활동을 할 수 있다.

• 대상: 장애인복지 시스템에서는 장애인등록을 한 모든 장애인이 서비스 대상이듯이 장애예술인 정책의 서비스 대상자를 분명히 설정하기 위해서는 '장애예술인증명제도'[15]가 마련되어야 한다.

• 장애예술인의 직업 보장

「장애인 고용촉진 및 직업재활법」 제1조(목적)에 '이 법은 장애인이 그 능력에 맞는 직업 생활을 통하여 인간다운 생활을 할 수 있도록 장애인의 고용촉진 및 직업재활을 꾀하는 것을 목적으로 한다.'고 하여 장애인의 능력에 맞는 직업 생활을 할 권리가 장애인에게 있음을 규정하고 있다.

「예술인복지법」 제1조(목적)에 '이 법은 예술인의 직업적 지위와 권리를 법으로 보호하고, 예술인 복지 지원을 통하여 예술인들의 창작 활동을 증진하고 예술 발전에 이바지하는 것을 목적으로 한다.'고 예술인의 직업적 지위와 권리를 법으로 규정하였다.

또한 제2조(정의) 2항에서 '예술인이란 예술 활동을 업(業)으로 하여 국가를 문화적, 사회적, 경제적, 정치적으로 풍요롭게 만드는 데 공헌하는 사람으로서 문화예술 분야에서 대통령령으로 정하는 바에 따라 창작, 실연(實演), 기술지원 등의 활동을 증명할 수 있는 사람을 말한다.'고 하여 예술 활동이 근로라는 점을 분명히 하였다.

「근로기준법」 제2조(정의) 1항 3에는 '근로란 정신노동과 육체노동을 말한다.'고 하였다. 예

---

15) 본 연구소의 첫 번째 연구 보고서인 〈장애예술인 예술활동 증명제도 시행방안 연구〉에서 자세히 설명되어 있다.

술 활동은 정신노동과 육체노동이 합하여진 형태이다. 근로의 정의에 예술 활동이 포함되기에 예술 활동을 하는 예술인은 근로자로서 근로를 제공하고 임금을 받는 취업이 가능하다.

이에 따라 장애예술인은 예술이라는 능력에 맞는 직업 생활을 할 권리가 있고, 장애예술인의 직업적 권리가 보장되어야 하며 창작 활동은 근로라는 것을 인정하여야 한다.

• 장애인고용부담금 규모

「장애인 고용촉진 및 직업재활법」에 의해 실시되고 있는 장애인 고용의무제도는 국가·지방자치단체와 50명 이상 공공기관·민간기업에게 장애인을 일정비율 이상 고용하도록 의무를 부과하고, 미준수 시 부담금(상시 100명 이상 사업장)을 부과하는 제도로 2023년 의무고용률은 국가와 공공기관은 3.6%, 민간기업은 3.1%이다.

장애인 고용의무를 지키지 않으면 벌금 성격의 장애인고용부담금을 내야 하는데 2023년 장애인고용부담금 규모는 〈표5〉와 같다.

〈표5〉 장애인고용부담금 및 고용부담 기초액

고용의무 이행수준	부담기초액(원)	가산율
의무고용 인원의 3/4이상 고용한 경우	1,207,000	없음
의무고용 인원의 1/2~3/4에 미달하는 경우	1,279,420	6% 가산
의무고용 인원의 1/4~1/2에 미달하는 경우	1,448,400	20% 가산
의무고용 인원의 1/4에 미달하는 경우	1,689,800	40% 가산
장애인을 한 명도 고용하지 않은 경우	2,010,580	해당 연도 최저 임금

한국장애인고용공단(2023)

장애인고용부담금은 「장애인 고용촉진법」에 따라 당해 최저임금의 60%로 부담 기초액을 산정하는데 2023년 최저임금인상률(월 201만 580원, 전년대비+5%)을 반영해 부담 기초액은 기존 114만 9,000원에서 120만 7,000원으로 상향되었다.

• 고용 조건

-연봉: 해당 연도 최저임금 이상(경력과 능력에 따른 연봉 조정)

-근무 조건: 근로계약서 작성, 4대보험 지원, 본사 직원에 준하는 예우

-근무 형태: 기업에서 장애예술인을 고용하는 형태이지만 출근은 예술인 본인의 작업실(재택)로 하여 창작 활동을 하고, 장애예술인의 창작을 근로로 환산하기 위한 작품 활동을 증명하기 위해 기업의 휴게 공간에서 집필 작품 소개나 전시회 그리고 공연 등을 1년에 1~2회 실시한다.

-채용 조건: 나이, 성별, 장애 유형 및 장애 정도, 학력, 거주지역 등의 제한이 없고, '장애예술인 예술활동증명'을 한 사람으로 취업 의지가 있는 사람

• 운영 방법

-(재)한국장애인문화예술원: 장애예술인 고용 전반에 걸친 실무

-(재)한국장애인고용공단: 장애인고용 전문 지식 및 고용 네트워크 지원

-장애인예술사업 전문 사회적기업: (주)인트로맨 자회사인 (주)인트로넷코리아(www.introman. co.kr)를 통해서 장애예술인 취업 연결 사업을 실시하고 있고, 서울시 산하 서울시장애인일자리통합지원센터에서도 장애예술인 매칭 사업을 실시하고 있다. 브이드림은 구직을 희망하는 장애인에게 직접 맞춤형 직무교육을 진행하여 취업까지 연결해 주고 있는데 직종에 디자인이 포함되어 있다. 일자리 사이트 워크넷의 장애인고용포털 '워크투게더'와 '장애인잡'에서는 아직 장애예술인 일자리사업은 실시하고 있지 않지만 앞으로 실시 가능한 시스템이다.

우리나라를 대표하는 구인구직 사이트 인크루트와 잡코리아에서 장애예술인 취업 연결 사업을 실시한다면 장애예술인 취업 기회가 더욱 확대될 것이다.

한국장애인고용공단이 2012부터 2021년까지 장애인고용부담금 납부사업체를 분석한 결과 2012년 7,214곳에서 2021년 8,424곳으로 16.8% 증가했다. 이들 사업체에서 납부한 장애인고용부담금 액수는 2012년 3,245억 원에서 2021년 7,769억 원으로 2.4배나 증가하였다.

이 어마어마한 벌금을 내면서도 장애인을 고용하지 않은 기업이라는 오명을 쓰는 것보다는 장애예술인 고용지원제도로 장애예술인을 고용하는 것이 장애인고용률을 높이면서 장애인예술을 발전시킨 문화공헌 기업이 될 수 있는 길이다.

앞으로 장애인의무고용률과 장애인고용부담금은 계속 확대될 예정이어서 장애인고용은 기업에서 피할 수 없는 과제이고, 기업의 ESG경영 차원에서 반드시 요구되는 사회적 의무이기에 장애예술인 고용을 실시하는 것이 기업의 이익(Benefit)이 된다.

첫째, 기업은 장애인을 고용하지 않아서 벌금을 낸다는 사회적 지탄에서 벗어나 사회적 책임을 다하는 기업으로서 호감도가 상승된다.

둘째, 장애예술인은 취업 상태를 유지하면서 안정적으로 창작 활동을 할 수 있다.

셋째, 장애인에 대한 인식개선으로 선진문화 사회가 형성된다.

경제학자 파블리나 R. 체르네바(Pavlina R. Tcherneva)의 저서 〈일자리보장〉에서 4차산업으로 일자리는 줄어들지만 일거리 자체가 감소되지는 않는다며 새로운 일거리는 문화예술 활동과 돌봄 서비스 분야라고 하였다.

따라서 장애인예술도 아주 훌륭한 직업이 되며, 장애인은 아주 확실한 일자리 제공자이다. 특히나 장애예술인의 돌봄 서비스는 단순한 케어가 아닌 창작 활동의 어시스트 역할을 하게 되니 더욱 매력적인 돌봄 서비스이다. 머지않아 장애인예술이 사회복지계의 중요한 사업이 될 것이다.

제3절 실행 방안

1. 「근로기준법」 해석

장애예술인 고용에 걸림돌이 되고 있는 것은 '장애예술인 고용지원제도 시행방안 연구 간담회'에서 지적되었듯이 근로자성 증명과 재택근무 방식 그리고 장애로 인해 산업재해 위험이 크다는 것이기에 이것을 「근로기준법」을 바탕으로 해석해 보고자 한다.

1) 근로자성 증명

「근로기준법」 제2조(정의) 1. "근로자"란 직업의 종류와 관계없이 임금을 목적으로 사업이나 사업장에 근로를 제공하는 사람을 말한다.

2. "사용자"란 사업주 또는 사업 경영 담당자, 그 밖에 근로자에 관한 사항에 대하여 사업주를 위하여 행위하는 자를 말한다.

3. "근로"란 정신노동과 육체노동을 말한다.

이 조항에 따르면 임금을 목적으로 사업장에 근로를 제공하는 사람이 근로자이며 사업장에 제공하는 근로는 정신노동과 육체노동이라는 것인데 예술은 고도의 정신노동인 동시에 많은 에너지가 요구되는 육체노동이기에 장애예술인은 장애가 있는 근로자이다.

이미 「장애인 고용촉진 및 직업재활 법률」 제27조(국가와 지방자치단체의 장애인 고용의무)와 제28조(사업주의 장애인 고용의무)에서 장애인 고용의무를 규정하고 있기에 장애예술인은 근로자라는데 이의를 제기할 수 없다.

그런데 장애예술인 고용에 문제가 되고 있는 근로자성 즉 근로자인지를 판단하는 것이기에 근로자를 판단하는 기준을 소개하면 다음과 같다.

① 업무 내용을 사용자가 정하는지
② 취업 규칙 또는 복무(인사) 규정 등의 적용 여부
③ 업무 수행 과정에서 사용자가 상당한 지휘 감독을 하는지

④ 사용자가 근무 시간과 근무 장소를 지정하고 근로자가 이에 구속을 받는지의 여부

⑤ 노무제공자가 스스로 비품 원자재나 작업도구 등을 소유하거나 제3자를 고용하여 업무를 대행하는 등 독립하여 자신의 계산으로 사업을 영위할 수 있는지 여부

⑥ 보수의 성격이 근로 자체의 대상적 성격인지, 기본급이나 고정급이 정해졌는지 및 근로소득세의 원천징수 여부 등 보수에 관한 사항

⑦ 근로제공 관계의 계속성과 사용자에 대한 전속성의 유무와 그 정도

⑧ 사회보장제도(4대보험 등)에 관한 법령에서 근로자로서 지위를 인정받는지

근로자성 판단은 근로자와 사업주 간의 관계를 명확히 하기 위한 중요한 과정으로, 이 판단 결과에 따라 근로자는 다양한 권리를 갖게 된다.

「근로기준법」에 따르면 근로자란 사업 또는 사업장에 소속되어 임금을 목적으로 사용자의 지시·감독을 받아 근무하는 자라고 정의되어 있는데 근무에 본직과 부수직 모두 포함될 수 있으며, 실제 업무상 지시 및 감독 여부, 작업 시간 및 장소 등 다양한 요소가 종합적으로 고려된다. 따라서 단순 계약서상의 근로자 여부만으로 판단하는 것은 부족하며, 실질적인 근로 관계를 파악하는 것이 중요하다.

근로자성 판단을 위한 주요 기준 중 하나는 '지시·감독'이다. 사업주가 근로자에게 업무 수행 방법, 시간, 장소 등을 구체적으로 지시하고 이를 감독할 수 있는 권한이 있는지 여부가 판단의 핵심 요소로 작용한다. 또한 일정한 업무 시간과 장소에 종속되어 작업을 하는지, 그리고 자체적인 사업 운영에 따른 위험과 이익을 나누는 정도도 고려 대상이다.

하지만 이러한 기준들만 가지고 근로자성 판단을 한정하기 어렵다는 지적도 있다. 특히 현장에서의 실제 상황은 복잡하게 얽혀 있기 때문에 단순화된 기준만으로 판단하기 어려울 수 있다.

근로자성이 인정되면 '부당해고'를 막을 수 있다. 근로자가 사업주에 의해 부당하게 해고되면 해고 당시의 임금과 유사한 금액의 '부당해고 배상금'을 청구할 수 있으며, 일정 기간 동안의 재취업 지원급여도 받을 수 있다. 또한 부당해고와 관련하여 더욱 심화된 문제가 발생한다면 '노동소송'을 통해 자신의 권리를 주장할 수 있다. 이러한 소송에서는 부당행위를 한 사업주에게 법적 책임을 물을 수 있으며, 필요한 경우 재직 복귀나 추가적인 손해배상까지 청구할 수 있다.

그리고 근로자성이 인정되면 '사업주의 의무'가 행사된다. 「근로기준법」에 따르면 사업주는 근로자를 보호하고, 안전하게 일할 수 있는 환경을 제공하는 등 다양한 의무가 있다. 사업주는 해당 근로자에게 일정 기간마다 휴식 시간을 부여해야 한다. 만약 이러한 의무를 위반한다면, 해당 사업주에 대해 각종 처벌 조치가 가능하다. 예를 들어, '노동관계조정' 신청이나 '미조건부과금' 등의 행정 처분 외에도 근로자는 해당 사업주에게 손해배상을 청구할 수 있다.

이를 바탕으로 장애예술인 고용에서 발생할 수 있는 문제들을 살펴본다. 장애예술인의 예술 활동 즉 창작과 실연(實演)이 기업의 업무 내용은 아니다. 그래서 장애예술인 고용지원제도가 첫 번째 도전을 받게 된다. 하지만 근로자성 판단 기준의 첫 단계인 '업무 내용을 사용자가 정하는지'에 해답이 있다. 사용자가 업무 내용을 예술 활동으로 정하면 된다.

근로자성이란 근로자 마음대로 일을 하고 월급을 받는 것이 아니라 사용자의 지시와 감독을 받아서 업무를 수행하라는 것이다. 그래서 사업주가 근로자에게 업무 수행 방법, 시간, 장소 등을 구체적으로 지시하고 이를 감독할 수 있는 권한이 있으면 근로자성이 인정된다.

장애예술인의 취업 조건에 업무 내용은 예술 활동이고, 근무 장소는 재택/연습실이며, 근무 시간은 하루 4시간으로 업무수행 결과를 일지로 작성하고 한 달 또는 분기별로 작품을 제출한다거나 공연을 하는 것으로 규정을 하고 있다. 그 규정이 잘 지켜지는지 감독을 하는 것은 기업 담당자의 업무이다.

장애예술인의 예술 활동이 근로자성을 갖추지 못한 것이 아니라는 것을 알 수 있다. 사용자가 의지만 가지면 근로자성은 바로 성립이 된다.

2) 재택근무

우리나라 「근로기준법」에도 재택근무의 법적 근거가 있다. 동법 제58조는 '근로 시간 계산의 특례'라는 제목으로 근로 시간 상의 특칙을 규정하고 있다. 법문상의 '출장이나 그 밖의 사유'에 재택까지 포함된다. 재택근무를 하는 경우에는 통상 1일의 근무 시간을 기준으로 같은 근무를 했다고 간주한다. 즉 재택근무 1일과 출근한 근무 1일이 같다는 의미로 근무 자체의 등가성을 인정한다는 해석이 가능하다.

제58조(근로 시간 계산의 특례) ① 근로자가 출장이나 그 밖의 사유로 근로 시간의 전부 또는 일부를 사업장 밖에서 근로하여 근로 시간을 산정하기 어려운 경우에는 소정 근로 시간

을 근로한 것으로 본다. 다만, 그 업무를 수행하기 위하여 통상적으로 소정 근로 시간을 초과하여 근로할 필요가 있는 경우에는 그 업무의 수행에 통상 필요한 시간을 근로한 것으로 본다.

② 제1항 단서에도 불구하고 그 업무에 관하여 근로자 대표와의 서면 합의를 한 경우에는 그 합의에서 정하는 시간을 그 업무의 수행에 통상 필요한 시간으로 본다.

③ 업무의 성질에 비추어 업무 수행 방법을 근로자의 재량에 위임할 필요가 있는 업무로서 대통령령으로 정하는 업무는 사용자가 근로자 대표와 서면 합의로 정한 시간을 근로한 것으로 본다.

이 경우 그 서면 합의에는 다음 각 호의 사항을 명시하여야 한다.

1. 대상 업무

2. 사용자가 업무의 수행 수단 및 시간 배분 등에 관하여 근로자에게 구체적인 지시를 하지 아니한다는 내용

3. 근로 시간의 산정은 그 서면 합의로 정하는 바에 따른다는 내용

④ 제1항과 제3항의 시행에 필요한 사항은 대통령령으로 정한다.

따라서 장애예술인의 재택근무가 「근로기준법」에 어긋나는 근무 방식은 아니다. 코로나19 시기에는 재택근무를 장려하였는데 재택근무는 업종에 따라 장단점이 있다. 장애예술인의 창작은 재택근무가 훨씬 효과적이기에 사용자도 장애예술인의 재택근무를 선호한다.

3) 재해 문제

산업재해는 노동과정에서 작업환경 또는 작업행동 등 업무상의 사유로 발생하는 노동자의 신체적 및 정신적 피해를 뜻하는 것으로 산업재해에는 부상, 그로 인한 질병 및 사망 그리고 작업환경의 부실로 인한 직업병 등이 포함된다.

산업재해 기준은 다음과 같다.

① 출퇴근 및 출장 중 교통사고 부상

② 업무 수행 또는 업무 장소에서 발생한 부상

③ 업무적 환경이 원인이 되어 발생한 질병

④ 과도한 업무 스트레스로 인한 정신적, 신체적 질환

특별한 사고 없이 사망할 경우 과로사를 주장할 수 있기 때문에 몸이 약한 장애인 근로자가 돌연사를 할 경우를 염려하는 사업주들이 많은데 과로사로 인정을 받으려면 다음 요건이 충족되어야 한다.

① 근무 일정 예측이 어려운 업무

② 교대 근무 업무

③ 휴일이 기준보다 부족한 업무

④ 유해한 작업환경(온도 변화, 소음 등)에 노출되는 업무

⑤ 육체적 강도가 높은 업무

⑥ 시차가 큰 출장이 잦은 업무

⑦ 정신적 긴장이 큰 업무

발병 전 12주 동안 일주일 평균 근무 시간이 60시간을 초과하는 경우에는 업무 관련성이 강하며, 발병 전 1주 평균 근무 시간이 52시간을 초과하는 경우 업무 관련성은 더욱더 증가하게 된다. 발병 전 1주 평균 52시간의 업무 시간을 초과하지 않았더라도 가중 요인에 복합적으로 노출되는 경우에는 관련성이 증가한다.

산업재해로부터 근로자를 보호하기 위한 산재보험이라는 사회보험제도가 있어서 크게 염려할 필요는 없으며, 재택근무 형식을 취하는 장애예술인은 산업재해 기준에 해당하지 않으며 근로자 과로사 인정 요건에도 해당하지 않는다.

2. 관련 법률 개정

장애예술인 고용을 위해 「장애인 고용촉진 및 직업재활 법률」 개정이 요구된다.

• 제3조에 3항 신설

제3조(국가와 지방자치단체의 책임) ① 국가와 지방자치단체는 장애인의 고용촉진 및 직업재활에 관하여 사업주 및 국민 일반의 이해를 높이기 위하여 교육 · 홍보 및 장애인 고용촉진 운동을 지속적으로 추진하여야 한다.

② 국가와 지방자치단체는 사업주 · 장애인, 그 밖의 관계자에 대한 지원과 장애인의 특성을 고려한 직업재활 조치를 강구하여야 하고, 장애인의 고용촉진을 꾀하기 위하여 필요한 시책을 종합적이고 효과적으로 추진하여야 한다. 이 경우 중증장애와 여성장애인에 대한 고용촉진 및 직업재활을 중요시하여야 한다.

③ 국가와 지방자치단체는 장애예술인의 고용촉진을 위하여 필요한 시책을 추진하여야 한다.

신 · 구조문 대비표

현 행	개 정 안
제3조(국가와 지방자치단체의 책임) ① 국가와 지방자치단체는 장애인의 고용촉진 및 직업재활에 관하여 사업주 및 국민 일반의 이해를 높이기 위하여 교육 · 홍보 및 장애인 고용촉진 운동을 지속적으로 추진하여야 한다. ② 국가와 지방자치단체는 사업주 · 장애인, 그 밖의 관계자에 대한 지원과 장애인의 특성을 고려한 직업재활 조치를 강구하여야 하고, 장애인의 고용촉진을 꾀하기 위하여 필요한 시책을 종합적이고 효과적으로 추진하여야 한다. 이 경우 중증장애인과 여성장애인에 대한 고용촉진 및 직업재활을 중요시하여야 한다.	제3조(국가와 지방자치단체의 책임) 동일
〈신 설〉	③ 국가와 지방자치단체는 장애예술인의 고용촉진을 위하여 필요한 시책을 추진하여야 한다.

국가와 지방자치단체에 장애예술인의 고용촉진을 위한 시책을 마련할 의무가 있음을 신설한다.

• **제5조에 5항 신설**

우선 제5조(사업주의 책임) ⑤항에 '사업주는 장애예술인을 고용하여 사업체 업무 대신 창작 활동을 할 수 있도록 지원하여야 한다.'를 신설한다.

신 · 구조문 대비표

현 행	개 정 안
제5조(사업주의 책임) ① 사업주는 장애인의 고용에 관한 정부의 시책에 협조하여야 하고, 장애인이 가진 능력을 정당하게 평가하여 고용의 기회를 제공함과 동시에 적정한 고용관리를 할 의무를 가진다. ② 사업주는 근로자가 장애인이라는 이유로 채용 · 승진 · 전보 및 교육훈련 등 인사관리상의 차별대우를 하여서는 아니 된다. ③ 삭제 ④ 삭제	제5조(사업주의 책임) 동일

현　　행	개　정　안
〈신　설〉	⑤ 사업주는 장애예술인을 고용하여 사업체 업무 대신 창작 활동을 할 수 있도록 지원하여야 한다.

　사업주는 장애예술인을 고용하여 사업체 업무 대신 창작 활동을 할 수 있도록 지원하여야 하는 의무가 있음을 신설한다.

• 제21조 1항 장애예술인 추가

제21조(장애인고용 사업주에 대한 지원)
① 고용노동부 장관은 장애인을 고용하거나 고용하려는 사업주에게 장애인고용에 드는 다음 각 호의 비용 또는 기기 등을 융자하거나 지원할 수 있다. 이 경우 중증장애인 및 여성장애인 그리고 장애예술인을 고용하거나 고용하려는 사업주를 우대하여야 한다.

신 · 구조문 대비표

현　　행	개　정　안
제21조(장애인고용 사업주에 대한 지원) ① 고용노동부 장관은 장애인을 고용하거나 고용하려는 사업주에게 장애인고용에 드는 다음 각 호의 비용 또는 기기 등을 융자하거나 지원할 수 있다.	제21조(장애인고용 사업주에 대한 지원) 동일
이 경우 중증장애인 및 여성장애인을 고용하거나 고용하려는 사업주를 우대하여야 한다. 〈추　가〉	이 경우 중증장애인 및 여성장애인, 장애예술인을 고용하거나 고용하려는 사업주를 우대하여야 한다.

　중증장애인은 1명을 고용하면 2명을 고용한 것으로 기록되는 더블카운트제도가 실시되고 있는데 '2021년 장애예술인문화예술활동실태조사'에 따르면 심한 장애 정도가 82.3%였으며 2022년 〈장애예술인수첩〉에 등록된 장애예술인 550명의 93%가 중증장애인이듯이 장애예술인은 더블카운트 대상이다.

• 제22조에 3항 신설

제22조(장애인 표준사업장에 대한 지원)

② 고용노동부 장관은 제1항에 따른 융자 또는 지원을 할 때에 다음 각 호의 사업주를 우대하여야 한다.

1. 중증장애인과 여성장애인을 고용하거나 고용하려는 사업주

2. 지방자치단체로부터 지원을 받거나 비영리 법인 또는 다른 민간 기업으로부터 출자를 받는 등 지역 사회의 적극적 참여를 통하여 장애인 표준사업장을 설립·운영하거나 설립하려는 사업주

3. 장애예술인을 고용하거나 고용하려는 사업주

신·구조문 대비표

현　　행	개　정　안
제22조(장애인 표준사업장에 대한 지원) ② 고용노동부 장관은 제1항에 따른 융자 또는 지원을 할 때에 다음 각 호의 사업주를 우대하여야 한다. 1. 중증장애인과 여성장애인을 고용하거나 고용하려는 사업주 2. 지방자치단체로부터 지원을 받거나 비영리 법인 또는 다른 민간 기업으로부터 출자를 받는 등 지역 사회의 적극적 참여를 통하여 장애인 표준사업장을 설립·운영하거나 설립하려는 사업주	제22조(장애인 표준사업장에 대한 지원) 동일
〈신　설〉	3. 장애예술인을 고용하거나 고용하려는 사업주

장애인 표준사업장에 대한 지원에 장애예술인을 고용하는 사업주를 신설한다.

3. 장애인예술 기업 설립

2015년 5월 9일, 서울특별시와 이화창조아카데미가 주관하는 'Special Artist Festival(S.A.F)'이 이화여자대학교에서 있었다. 'everyone has special hands'라는 주제 아래 세 개의 세션으로 나누어서 진행된 축제는 장애예술인 작품과 굿즈가 전시되어 장애인예술을 경험할 수 있는 기회를

제공하였다. 특히 장애인예술을 주제로 하는 예비사회적기업이 소개되었는데 많은 사람들이 관심을 보였다.

이는 장애인예술을 전문적인 사업으로 운영하는 장애인예술 기업이 절대적으로 필요함을 의미한다.

• 기업 창업 자금

장애인예술 기업을 창업할 수 있는 길이 있다. 「자본시장과 금융투자업에 관한 법률」에 크라우드펀딩을 제도화하는 규정이 있다. 크라우드펀딩은 창업기업이 온라인으로 다수의 소액투자자를 모집해 공모증권을 발행할 수 있게 되어 온라인소액투자중개업자는 등록만 하면 사업을 할 수 있다. 또 증권신고서 제출을 면제하고 제출서류를 간소화하여 증권발행 관련 서류·비용 부담이 줄어들었기 때문에 기업 설립이 용이하게 되었다.

• 장애인기업

장애인이 소유하거나 경영하고 있으며, 기업에 고용된 상시 근로자 가운데 장애인 비율이 30% 이상인 기업을 말한다. ① 회사로서 장애인이 그 회사의 대표권 있는 임원으로 등기되어 있는 회사이다. 다만, 회사 대표가 수인(數人, 공동대표)인 경우에는 장애인인 공동대표가 소유하는 주식의 수가 비장애인 공동대표가 소유하는 주식의 수와 같거나 많은 회사에 한한다. ② 장애인이 「소득세법」 제168조 또는 「부가가치세법」 제5조의 규정에 의하여 사업자등록을 한 사업체를 뜻한다. 장애인의 창업촉진 및 장애인기업의 경영활동 지원을 위해 장애인기업에는 세제 혜택과 공공구매를 통한 판로지원 등의 혜택 지원이 이루어진다.

장애인기업 확인 유효기간은 3년이고, 5천만 원 이하는 수의계약으로 사업을 수주받을 수 있으며, 우대 정책으로 공공기관 우선구매*, 정부 지원사업 참여 시 우대** 다양한 정책적 지원을 받을 수 있다.

* 공공기관의 장애인기업 제품 우선 구매(구매 총액의 1%)
** 중기부 R&D, 수출, 정책 자금 지원 대상 선정 시 가점 우대 등(0.5~5점)

• 여성기업

여성이 해당 기업의 대표권을 가진 임원으로 등기된 상법상 회사, 여성이 사업자등록을 한 사업체 등을 통틀어 여성기업이라고 부른다. 정부는 여성기업을 지원하기 위해 2014년 1월부터 공공기관의 물품·용역 구매 시 총액의 5%, 공사발주액의 3%를 여성기업에 할당하는 여성기업 공공구매제를 시행하고 있다. 여성기업으로 공공기관 조달에 참여하기 위해서는 중소기업청에 자료를 제출한 후 한국여성경제인협회의 현장 실사 등을 거쳐 여성기업 확인 판정을 받는다.

• 장애인예술 연계고용제도

연계고용이란 직접고용을 할 수 없는 경우에 하는 간접고용 형태이다. 간접고용은 해당회사가 자회사를 만들어 고용하는 형태와 장애인 표준사업장(10명 이상)과의 거래를 인정하는 것인데 기업이 장애인예술을 내용으로 하는 자회사로 장애인예술 기업을 설립하여 기업은 직접고용을 하지 않고, 고용부담금의 부담에서 벗어날 수 있다. 연계고용으로 감면되는 고용부담금은 아래와 같이 산출된다.

월단위 부담금 감면액=연계고용 도급계약에 따른 수급액비율×장애인근로자 수(최저임금 이상의 상시근로자)×해당 연도 부담기초액

해당 연도 부담금 납부 총액의 100분의 60 이내로 하되, 연계고용 도급계약[16]에 따라 지급한 해당 연도 도급액의 100분의 50을 초과할 수 없다.

연계고용 도급계약에 의한 도급 약정이 없거나, 이행이 완성되지 않은 달은 해당 월 부담금 감면액 산정에서 제외한다.

4. 장애인 일자리사업

보건복지부에서 실시하는 2023년 장애인 일자리사업 대상자는 총 2만 9,546명이다.

취업 취약계층인 18세 이상의 미취업 등록장애인에게 일자리를 제공하는데 일반형 일자리, 복지 일자리, 특화형 일자리로 구분되어 있다.

일반형 일자리는 행정복지센터 행정도우미 등으로 전일제 또는 시간제로 근무하는 일자리

---

16) 도급계약(都給契約)이란 당사자 가운데 한쪽이 어떤 일을 완성할 것을 약속하고, 상대편이 그 일의 결과에 대해서 일정한 보수를 지급하기로 하는 계약.

이며, 복지 일자리는 사무보조, D&D케어[17], 문화예술 활동 등 총 42종의 직무유형 중에서 적합한 직무유형을 선택하여 지역사회 사회복지시설(22년 기준 3,676개소) 등에서 월 56시간 근무하는 일자리이다.

특화형 일자리는 시각장애인 특화사업으로 경로당 등에 순회 안마 서비스를 제공하고, 발달장애인 특화사업으로 요양원 등에서 요양보호사의 전반적인 업무를 보조하는 업무이다.

장애인 일자리사업으로 '장애예술인 뉴딜 프로젝트'를 제안한다.

장애인 일자리 지원사업 예산의 일정 비율(5%)[18]을 장애예술인의 문학이나 미술 작품을 구매하여 주민센터 등 지역 다중시설에 비치하거나 벽 장식을 하고, 장애음악인의 버스킹 공연 등을 실시하는 것이다.

뉴딜사업은 미국 대통령 루스벨트가 대공황을 극복하기 위하여 실시했던 일자리 창출 정책으로 루스벨트는 노동 현장에서 일할 수 없는 예술인들을 위하여 문인에게는 미국 역사를 기록하게 하였고, 화가에게는 건물을 장식할 그림을 그리게 하였으며, 음악인들에게는 근로자들을 위한 위문 공연을 하도록 하여 예술인에게 맞는 일자리를 주었다.

루스벨트가 예술인들에게 예술 활동을 멈추고 노동현장으로 나오라고 하지 않고, 예술 활동을 통한 일자리를 마련해 준 것은 예술이 도로를 만들고 공장의 기계를 돌리는 노동 못지 않게 중요한 삶의 요소라는 것을 알았기 때문이다.

---

17) Disability & Disability 케어' 장애인이 다른 장애인의 동료상담 등.
18) 2021년 보건복지부는 새로 정립된 문화예술 활동 직무의 활성화를 위해 복지 일자리 인원 중 5%는 문화예술 활동에 우선 배정할 수 있도록 하였다.

제5장

결론 및 제언

Disabled Arts Research Center

제1절 연구 결과 요약

연구 참여자들이 언급한 장애예술인 고용 형태는 보통 4시간 재택근무로 월급 규모는 110만 원에서 최고 180만 원까지이며, 분기별로 10호 사이즈 그림을 회사에 납품하거나 회사에서 요청하는 공연을 하면서 근무기간 1년에 연장 1회로 2년까지 근무하는 비정규직 형태이다.

현재로서는 취업이 미술과 음악 분야에서만 이루어지고 있는데 음악은 미술처럼 개인적으로 취업을 하는 것이 아니라 팀으로 취업을 하였다.

문학은 기업에서 월급을 창작지원금 형식으로 지급하여 자유롭게 창작 활동을 하는 방안을 제시하였다.

능력에 따라 성과급을 준다면 자기 발전이 되어 퀄리티가 높아질 것이며, 장애인 인식개선 교육을 강의 형식이 아닌 공연이나 연극 형식의 프로그램으로 만들어서 장애예술인들이 교육청 소속으로 활동하는 방안을 제안하였다.

기업이 장애예술인을 고용하는 것은 단순히 고용부담금을 면제받기 위함이 아니라 그 이상의 무엇이 있어야 기업에서 장애예술인 고용에 적극적인 자세를 가질 수 있기에 장애예술인 스스로 회사에 어떤 이익을 줄 수 있는지를 고민해야 한다고 하였다.

장애예술인 고용업무 담당자들은 장애예술인의 창작 활동이 근로자성을 인정받을 수 있어야 하고, 재택근무 운영 방식과 근무 성과물에 대한 판단에 있어서 정량적인 지표를 원하고 있었다.

장애예술인 고용에 봉급이 일률적인 것은 합리적이지 않기 때문에 경력별 급여 책정이 필요하며, 기업에서 장기적인 계획을 갖고 장애예술인을 고용하는 것이 바람직하고, 기업에서 장애예술인을 고용할 때 고용 과정이 원스톱(one stop)으로 진행되도록 장애인고용에 대한 표준화된 규정이 필요하다고 하였다.

또한 장애예술인 고용을 관리하는 공공기관이 필요하며, 공신력 있는 장애예술인 취업정보 시스템이 마련되어야 한다고 하였다.

장애예술인 고용 활성화를 위한 제언으로 장애예술인 작품을 다양하게 활용하는 방안이 필요하고, 장애예술인들이 비정규직이 아니라 장기 근속을 할 수 있는 방법을 찾아야 하며, 기업 ESG 운영으로 장애예술인 고용을 실천하는 것이 바람직하다고 하였다.

장애예술인들이 안정적으로 창작 활동을 하면서 수입이 발생하면, 돌봄 서비스에 사용되는 사회적 비용이 절감되는 것은 물론이고 세금을 내는 국민으로 사회에 이바지하게 된다. 그래서 장애예술인들이 마음껏 창작 활동을 할 수 있도록 장애예술인 고용지원제도가 마련되어야 한다.

• 장애예술인 고용지원제도란

기업은 장애인의무고용률을 지키지 못하면 고용부담금을 납부해야 하는데 장애예술인을 고용하면 아주 간단히 장애인고용률을 높일 수 있다. 장애예술인은 출근을 각자 작업실(재택)로 하고, 장애예술인의 창작은 근로로 환산된다. 근로 감독을 받기 위해 창작물을 기업에 제출하고 월급을 받는 것이 장애예술인 고용지원제도인데, 이는 기업은 장애인을 고용하지 않아서 벌금을 낸다는 사회적 지탄에서 벗어날 수 있고, 장애예술인은 창작 활동으로 경제적 안정을 찾을 수 있는 아주 합리적인 제도이다.

• 장애예술인 고용지원제도 실시 방법

「장애인 고용촉진 및 직업재활 법률」 일부를 다음과 같이 개정한다.

제5조(사업주의 책임) ⑤ '사업주는 장애예술인을 고용하여 사업체 업무 대신 창작 활동을 할 수 있도록 지원하여야 한다.'를 신설한다.

장애인예술 일자리 사례를 분석한 결과 장애예술인 고용지원제도의 가장 이상적인 모델은 (주)와이즈와이어즈의 '한마음 일자리'이고, 공공기관 모델은 근로자의 근무관리는 광명장애인종합복지관에서 맡고 급여 및 사업비는 광명시가 지원하는 형태[19]*인 다소니체임버 오케스트라이다.

장애예술인 고용지원제도는 사회적기업에서 예술적 특성을 강화시킨 문화적기업이나 연계고용제도로 자회사 형식의 장애인예술 전문 장애인표준사업장이 늘어날 것으로 예상되며 장애인예술전문기업의 성공 가능성도 엿보인다.

---

19) 현재는 단원들이 많아져서 광명시와 기업에서 지원하는 형태.

• 운영 방식

장애예술인은 출근을 각자 작업실(재택)로 하고, 그곳에서 정해진 시간 동안 창작 활동을 한다. 그 결과 작품이 완성되면 그것이 근로의 결과물로 인정을 받게 된다. 장애예술인은 장르에 따라 북콘서트나 전시회 그리고 공연 등을 실시한다.

장애인체육 선수들은 기업 실업팀 소속으로 체육 활동에 전념하고 있는 사례도 있고, 기업 메세나사업으로 음악인을 후원하여 세계적인 예술인으로 키워 낸 사례도 있듯이, 기업에서 장애예술인을 지원하는 것은 누구나 공감할 수 있는 사업이다.

• 기대 효과

기업은 장애인 고용의무를 완수하게 되고, 장애예술인은 취업 상태를 유지하여 안정적으로 창작 활동을 할 수 있다.

제2절 제언

'2021년 장애예술인문화예술활동실태조사'에서 지난 3년간 문화예술 활동에 의한 직업 고용 형태는 1인자영업, 시간제, 임시직이 90.3%로 매우 불안정 고용 상태이며 안정적인 정규직은 6.1%에 불과하였다.

장애예술인은 문화예술 활동으로 안정적인 직업을 갖기를 원하고 있고, 장애예술인을 고용하는 기업의 사용자는 장애인의무고용률을 달성하기를 원하고 있는데 마침 「장애예술인지원법」 제11조(장애예술인 고용지원)에 따라 장애예술인 고용의 법적 근거가 마련되었기 때문에 기업에서 장애예술인 고용에 관심을 갖게 되었다.

하지만 사용자 입장에서는 아직 장애예술인을 어떻게 고용해야 하는지 구체적인 매뉴얼이 없고, 근로자인 장애예술인들 역시 어느 기업에서 장애예술인을 고용하는지 구인 정보가 없기 때문에 현재는 몇몇 단체 중심으로 장애예술인 고용을 지원하고 있는 수준이다. 본 연구를 통해 도출된 장애예술인 고용지원제도 시행을 위한 몇 가지 제안을 하고자 한다.

첫째, 장애예술인임을 증명할 수 있는 등록 시스템이 필요하다.

기업에서는 장애예술인이라는 증명이 있어야 장애예술인으로 고용할 수 있다고 하면서 체육은 장애인 선수등록 시스템이 운영되고 있어서 장애인체육으로 고용이 이루어지고 있다고 하였다. 따라서 '장애예술인 예술활동 증명제도'가 조속히 실시되어야 한다.

둘째, 장애예술인 고용 업무를 관장하는 공적 조직이 필요하다.

기업 입장에서는 장애예술인을 고용하기 위해 여기저기 알아보는 수고로움이 없이 원스톱(one stop)으로 진행되기를 원하는데 지금은 장애예술인을 고용하기 위해 어느 단체와 컨택을 해야 하는지 막연하다. 그래서 여기저기 문의를 해야 하고, 컨택이 되었다 해도 공신력이 없으면 진행에 어려움이 있어서 장애예술인 고용에 대한 전반적인 업무를 맡아 줄 공적인 기관을 원했는데 현재로서는 재단법인인 한국장애인문화예술원에서 맡는 것이 가장 합리적이다. 장애인체육 고용은 (재)대한장애인체육회에서 관장하고 있다.

셋째, 한국장애인고용공단의 전향적인 자세가 요구된다.

1990년 1월 「장애인 고용촉진 등에 관한 법률」이 공포되면서 같은 해 9월 한국장애인고용촉진공단이 설립되었다. 10년 후인 2000년 1월 「장애인 고용촉진 및 직업재활법」으로 전면 개정된 후 한국장애인고용공단으로 명칭이 바뀌었다. 공단이 설립된 지 34년이 되었기 때문에 장애인고용 업무를 관장하는 대표적인 공공기관이라서 장애예술인 고용도 한국장애인고용공단을 통해야 한다.

그런데 모 대기업에서 공단에 장애예술인 고용에 관한 문의를 하였을 때 장애예술인 고용이 불법은 아니지만 합법도 아니라고 하면서 공단은 장애예술인 고용과 관련하여 책임질 수 없다는 미온적인 태도를 보였다고 한다. 장애예술인 고용이 활성화되기 위해서는 공단이 긍정적이고 적극적인 자세를 가져야 한다.

넷째, 기업 ESG 평가에 장애인예술 관련 항목을 넣어야 한다.

지속가능 경영을 위해 기업에서는 ESG를 실천하고, 그것에 대한 자체 기관이나 정부기관의 평가를 받아야 하기에 평가지표를 만들고 있는데 그 ESG 평가지표에 장애인예술과 관련하여 장애예술인 창작물 우선구매제도를 실행하였는지, 장애예술인 참여 기회를 마련해 주는 공공쿼터제도를 실시하였는지, 장애예술인을 고용하였는지를 체크하는 평가지표 항목을 넣는다면 기업은 장애인예술에 적극적인 자세를 갖게 될 것이다.

다섯째, 장애인예술이 산업화되어야 한다.

장애예술인의 창작 활동이 수익을 창출한다면 장애인예술이 비즈니스 모델(business model) 사업 아이템으로 기업에서 경쟁적으로 뛰어들면서 장애인예술이 산업으로 발전할 것이고, 산업화 과정에서 능력 있는 장애예술인을 서로 스카우트하여 전속 계약을 하게 될 것이다.

이 제언은 우선순위로 정리를 한 것으로 장애예술인 증명제도가 가장 먼저 시행되어야 기업에서 안심하고 장애예술인 고용 계획을 세울 수 있을 것이다.

부록

장애인문화예술단체 목록

    장애예술인을 고용하고자 하는 기업에서는 고용 관리를 해 줄 수 있는 파트너십 단체를 원하고 있기 때문에 장애인문화예술사업을 하고 있는 작은 그룹부터 법인 단체로 많은 사업을 하고 있는 장애인문화예술단체의 목록을 (사)한국장애예술인협회 홈페이지에 업로드된 내용에 새로운 단체를 추가하여 정리하였다.

1. 문학

강서구장애인문인협회

    2005년 독서를 통한 자기 계발을 위해 결성된 '활짝웃는 독서회'를 기반으로 2022년 설립한 문학단체로 매월 1회, 매월 마지막 주 금요일 오전에 글쓰기 공부를 하며 회지를 발간하고 있다.

보리수 아래

    시인, 동화작가, 사진작가, 작곡가, 방송작가 등 문화예술 활동을 하고 있는 장애인들과 비장애인들이 모여 2006년 결성한 후 문학토론, 시낭송, 공연 등을 하며 국내는 물론 아시아 장애문인들과 공동시집을 발간하고 있다.

상록수

    독서 모임으로 1988년에 창립하여 동인지 발간, 시화전 개최 등 각종 교육 프로그램을 통해 장애인의 삶의 질을 향상시키고 있다.

소소한 소통

2017년 모두를 위한 쉬운 정보를 제공하기 위해 창업하여 문서, 책, 각종 서식, 뉴스, 교육·홍보자료 등을 글은 쉬운 표현으로 바꾸고, 이해를 돕는 그림을 함께 넣어서 제작하고 있다.

솟대평론

장애인문학지 『솟대문학』(1991~2015)에 이어 장애인문학 평론지 『솟대평론』이 2017년 하반기호부터 반년간으로 발행되고 있다. 『솟대문학』은 2015년 겨울 통권 100호를 끝으로 종간되었으나 미국 스탠퍼드대학 도서관에서 『솟대문학』 1~100호를 구입하여 연구 자료로 비치하였다.

피치마켓

2015년 발달장애인이 이해할 수 있는 글과 콘텐츠 등 문화 프로그램을 제공하여 사회 구성원으로 살아가는데 꼭 필요한 정보와 지식, 문화적 소양을 갖출 수 있도록 하여 발달장애인과 느린학습자가 문학의 즐거움을 느끼면서 비장애인과의 정보 격차를 해소하고 있다.

2. 미술

갤러리 에이블룸(Gallery A Broom)

2017년 사회적기업 창업으로 장애미술인들의 작품이 세상으로 나와 많은 사람들에게 보여지고 공감할 수 있는 기회를 제공하는 장애미술인 전시를 기획하는 갤러리이다.

광주장애인미술협회

1992년에 광주시 장애예술인의 역량 강화를 위해 설립하여 중견, 신인 미술작가들이 모여 전시회를 개최하고 있다.

뇌성마비작가회 날

2012년 뇌성마비 장애인 시각예술 작가들이 창립하여 전시 프로그램을 운영해 오고 있으며 다양한 예술단체들과 협업 공연을 제작하면서 활동 영역을 확장하고 있다.

도와지

2013년 장애인을 포함한 사회적 소외계층의 문화예술 향유 및 창의력 함양을 위해 장애청소년 문화예술 교육 및 지원사업을 중심으로 한 교육 활동과 장애인 문화예술 창작 활동을 하고 있다.

디스에이블드(THISABLED)

2016년에 설립된 디스에이블드는 발달장애예술인들이 지속적인 예술 활동을 통해 사회적·경제적 자립을 할 수 있는 기반을 마련하고 있다. 소속 예술인이 100여 명으로 정규직 작가&라이센스 작가가 있다. 발달장애예술인의 작품으로 제품기획, 전시회 개최 등 다양한 협업을 진행하고 있다.

로아트

2019년에 설립한 로아트는 발달장애예술인을 육성하고 창작 활동을 지원하는 전문 예술법인이다. 발달장애작가들의 창작공간인 로아트 스튜디오를 운영하여 작가들의 창작 활동을 지원하면서 정기적으로 기획전을 개최하고 있다.

브이아트 갤러리

브이아트 갤러리는 장애인HR솔루션 전문기업 브이드림에서 장애예술인의 창작 활동을 지원하고자 설립한 갤러리이다. 장애예술인의 작품을 전시하고 판매함으로써 장애예술인의 자유로운 창작 활동을 지원하고 예술 역량을 널리 알리고 있다.

소울음아트센터

1992년 소울음으로 시작하여 2011년 비영리 사단법인 소울음아트센터로 등록하였다. 미술교육과 전시회 지원 그리고 미술 작업을 할 수 있는 공간을 제공하고 있다.

스페셜아트

장애인예술 기획사인 사회적기업으로 장애예술인 작품으로 기관의 비전과 사업 취지를 담은 판촉물을 기념품, 답례품, 사은품, 홍보물 등으로 제작하고 있다. 2019년부터 발달장애예술인을 기업에서 직접 고용하도록 연계하고 근무관리도 하고 있는데 해마다 취업이 늘어나고 있다.

아르브뤼코리아

아르브뤼코리아는 사회적협동조합으로 발달장애미술인들의 전시를 개최하면서 발달장애인의 문화예술 분야 저변 확대와 고용 활성화를 추진하고 있다.

아트기버

사회적협동조합으로 2017년에 설립하여 발달장애인 공동체 프로그램의 결과물을 문화예술콘텐츠로 제작하여 발달장애인 사회참여를 돕고 있다.

아트림

2015년부터 발달장애화가들의 작품을 세상에 알리기 위해 다양한 전시회를 개최하고 있고, 작품 렌탈 사업도 실시하고 있다.

아트블리스(ArtBliss)

장애작가와 비장애작가들이 예술가로서 어깨를 맞춰 함께하는 전시를 기획하여 수준 높은 전시회를 마련하고 있다.

오티스타

사회적기업으로 자폐인의 특별한 재능을 직업으로 만든 기업이다. 자폐인을 위한 디자인 교육과정을 운영하고 교육을 마친 후 디자이너로 채용한다. 한국문화재단과 디자인 협업으로 우리나라 전통을 담은 문화상품을 개발하였다.

에이블라인드(ablind)

2021년 설립하였으며 able + blind 시각장애인이 할 수 없다고 여겼던 디자인 분야에서 디자이너를 양성하여 시각장애인의 디자인을 굿즈에 입혀 판매하고 있다.

충북장애인사진협회

2003년 중증장애인들에게 문화적 공간을 마련하기 위해 곰두리 사진반이라는 명칭으로 창단하여 활동하다가 2013년 충북장애인사진협회로 명칭을 변경하여 장애인사진작가 단체로 발전하였다.

한국장애인전업미술가협회

대한민국장애인미술대전과 그에 준하는 공모전의 추천작가, 초대작가로 작품 활동을 통하여 검증된 작가를 회원으로 2019년에 창립하여 역량 강화를 위한 사업을 하고 있다.

3. 음악

국악예술원 소리뫼

2011년에 설립하여 2019년 전라북도 전문예술법인 승인을 받았으며 전통 국악 및 마당극을 위주로 생활 속 문화 공연 활동을 하고 있다.

굴렁쇠

2012년 구성된 발달장애인 풍물패로 장애인의 재능을 통한 사회봉사 활동이라는 취지로 사물놀이라는 전통적이고 특색 있는 공연을 하고 있다.

담쟁이코러스

2016년 노래를 좋아하는 여성장애인들로 구성되었으며 중창 모임 및 정기연주회 등을 통해 삶의 즐거움을 만들어 가고 있다.

땀띠

2003년 중증장애 청소년 5명으로 이루어진 사물놀이 풍물패로 '땀띠'는 온몸을 땀으로 적실 정도로 열심히 하자는 뜻에서 비롯되었듯이 공연을 하면서 열정적인 모습을 보여 주고 있다.

더블라인드

2012년 결성된 시각장애인 싱어송라이터 그룹으로 음악은 재즈를 기반으로 하고 있으며 음악의 독창성뿐만 아니라 무대에서 독특한 퍼포먼스를 보여 주고 있다.

대한민국휠체어합창단

2016년 휠체어를 사용하는 장애인들로 구성된 합창단으로 다양한 연령대의 단원들이 매주

토요일 모여서 연습을 하며 '꿈은 이루어진다!' 는 콘셉트로 국내외 공연 활동을 하고 있다.

드림위드앙상블

2015년 음악에 재능이 있는 발달장애인을 경제적 자립이 가능한 직업인으로 성장시켜 지속 가능한 양질의 일자리를 창출하고, 경제적 자립 모델을 만들기 위한 목적으로 설립된 사회적협동조합이다. 매년 정기연주회를 개최하고 있으며 초청기관 행사의 성격에 맞는 프로그램으로 30분 내외의 축하 공연을 하고 있다.

맑은소리하모니카앙상블

2016년 '맑은소리하모니카연주단' 정기연주회를 시작으로 초청 공연과 지역주민과 함께하는 행사 공연, 해외 공연 및 시·도의 각종 문화 행사에서 공연 활동을 하다가 2021년 대구가톨릭대학교 소속 맑은소리하모니카앙상블로 직업 연주단이 되었다.

밀알첼로앙상블 날개

밀알복지재단에서 2012년 창단된 발달장애 아동·청소년으로 구성된 첼로앙상블로 전문 음악교육을 제공하여 공연 활동을 하고 있다.

빛된소리 중창단

장애인과 비장애인이 함께 하모니로 세상의 빛이 되고자 2008년 결성된 남녀 혼성 중창단으로 다양한 공연 활동을 하고 있다.

빛드림 휠체어 난타

지체, 시각장애 여성으로 2009년 구성된 전통 난타팀이다. 우리나라 고유의 전통적 가락을 힘찬 북소리로 담아내고 있다.

배희관밴드

배희관을 중심으로 한 시각장애인과 비장애인 뮤지션 5인조 모던 락밴드이다. 2013년 결성된 배희관밴드는 2014년 첫 앨범 '너와 함께'를 발매하고 홍대를 중심으로 정기적인 공연을 하고 있다.

뷰티플마인드

2007년에 설립하여 다양한 음악 활동을 통해 전 세계의 소외된 이웃에게 사랑과 나눔을 실천하는 문화외교 자선단체로 2008년부터 장애인을 위한 맞춤 음악교육 프로그램 '뷰티플마인드 뮤직아카데미'를 통해 장애음악인을 양성해서 2010년 '뷰티플마인드 오케스트라'를 결성하여 활발한 공연 활동을 하고 있다.

사랑의 오케스트라

사랑의복지관에서 운영하던 바이올린 교실을 모체로 2007년 창단된 지적 · 자폐성장애인 전문오케스트라로 장애인의 문화예술적 능력을 보여 주는 공연 활동을 하고 있다.

4번출구

4라는 숫자는 동양에서 부정적인 의미로 쓰인다. 그래서 장애인을 '4'라는 숫자에 비유하였으며, '출구'는 빠져나간다는 의미로 희망을 뜻한다. 2006년 결성된 장애인밴드이다.

소리울림밴드

지적장애인 그룹사운드로 2003년에 결성되어 일렉, 베이스, 건반, 드럼, 통기타로 정기 공연과 외부 공연 활동을 하고 있다.

어울림예술단

세종시교육청에서 2022년 창단된 보컬, 건반, 오카리나 등 5명으로 구성된 예술단으로 공연 내용은 보컬, 피아노 연주, 협연 등 다양한 프로그램으로 구성되어 있다.

아이소리앙상블

재단법인 파라다이스복지재단의 사업인 인공와우 수술을 한 청각장애아동으로 구성된 어린이 합창단으로 2009년 설립되었다. 인공와우수술 아동이 가진 음악적 잠재력을 개발하여 공연 활동을 하고 있다.

아트위캔

사단법인 한국발달장애인문화예술협회 아트위캔은 서울시 지정 전문예술법인이며 문화체육관광부 지정 예비사회적기업으로 현재 38명의 발달장애음악인들과 클래식, 국악, 실용 음악 분야에서 공연 활동을 하면서 일자리를 제공하고 있다.

앙상블 다온

2022년 설립한 앙상블로 '다온'은 '좋은 일이 다 온다'라는 순우리말로 앙상블 다온은 연주를 매개로 세상과 소통하고자 발달장애연주자들로 구성된 현악 앙상블이다.

어울림예술단

발달장애인 연주자들의 안정적인 생활을 위해 2017년 발달장애인 현악앙상블 '어울림예술 단'을 창단하여 공연을 하고 있고, 2022년 SK에코플랜트 소속 '에코울림 연주단'으로 직업 연주자 그룹을 만들었다.

어울림합창단

발달장애청소년과 비장애청년으로 이루어진 합창단으로 정기연주뿐 아니라 장애 인식개 선 공연을 하는 전문 합창단으로 자리매김하고 있다.

온누리사랑 체임버오케스트라

온누리교회에서 운영한 '온누리 장애우 음악 교실' 소속 발달장애연주자들과 함께 1999년 창단된 연주팀이다. 처음에는 5명으로 시작되었지만 점차 단원이 확대되어 오케스트라로 활발한 활동을 하고 있다.

HB ART

2016년 설립한 HB는 HOPE BRIDGE의 약자로 장애인과 비장애인 아티스트들의 스토리와 예술을 통하여 세상과 소통하는 공연을 하고 있다.

영종예술단

2011년 사단법인 꿈꾸는 마을을 설립하여 발달장애음악인에게 문화예술 활동 기회를 제공하며 문화산업 발전에 기여하고 있다.

유니온 앙상블(YOUnIon Ensemble)

2013년 구성된 시각장애 뮤지션들의 연합으로 결합을 뜻하는 'union'이란 단어를 변형하여 나(I)와 당신(YOU)이 함께한다는 뜻을 가지고 있다.

we be 밴드

수원시장애인종합복지관에서 2010년 결성한 시각장애인 밴드로 음악 활동을 지원하고 있다.

작은천사 벨콰이어

지적장애인 음악치료의 일환으로 실시한 핸드벨 교육을 통하여 1992년 서울가톨릭사회복지회 소속으로 지적장애인 핸드벨연주단이 결성되어 연주 활동을 이어 가고 있다.

코리아 아트빌리티 체임버(Korea Art.bility Chamber)

2015년 사회적협동조합으로 설립된 장애인과 비장애인 통합 오케스트라로 'Art.bility'의 뜻(art와 ability의 합성어)과 같이 장애예술인이 예술을 통해 가능성을 보여 주는 다양한 형태의 공연 프로그램을 진행하고 있다.

툴뮤직

사회적기업으로 청년과 장애음악인을 대상으로 아티스트 매니지먼트, 교육, 공간 사업 등을 하고 있다. '툴뮤직 장애인 음악콩쿠르'를 2016년부터 시작하여 2017년 한 해를 쉬고 2018년부터 2023년 제7회 대회가 열렸으며 그동안 400여 명이 참여하여 대성황을 이뤘다.

2023년 툴뮤직장애인예술단을 창단하여 음악 분야의 장애예술인 일자리를 마련하였다.

파라솔 클라리넷 앙상블

2020년 뮤직그룹 파라솔에서 창립한 발달장애인 연주자들로 구성된 클라리넷 앙상블로 연주 활동은 물론 장애인음악대회에 출전하여 수상하는 등 성과를 올리고 있다.

푸르메오케스트라

2014년 종로장애인복지관의 장애인 문화예술 육성사업의 성과로 결성되었으며 지역사회

문화예술 활성화에 기여하고 새로운 장애인 직업재활 영역을 확장하고 있다.

하트시각장애인체임버오케스트라

하트시각장애인체임버오케스트라는 시각장애음악인으로 구성된 민간 실내관현악단으로 2007년 창단한 후 2013년 문화체육관광부의 첫 번째 사회적협동조합으로 승인받았다. 2011년 미국 뉴욕의 카네기홀 무대에서 암전음악회를 진행하여 국내외 언론으로부터 많은 관심과 찬사를 받았다.

한국장애인국악협회

판소리, 남도민요, 경기민요, 한국무용, 대금 등 국악 분야에서 활동하는 장애국악인들로 구성된 단체로 2017년 설립되었다.

한국장애인소리예술단

예술을 통해 장애인의 소질을 개발하여 장애인 일자리를 창출하기 위해 2009년 법인 허가를 받아 공연 활동을 하고 있는 예술법인단체이다.

한빛예술단

2003년 창단한 시각장애인 전문 연주단으로 2010년 사회적기업 인증을 받았고, 2017년 중증 장애인생산품 생산시설로 지정되었으며, 2019년 전문 예술법인이 되었다. 국내뿐 아니라 해외 공연을 통해 대한민국 장애인예술의 위상을 알리며 활발히 활동하고 있다.

혼울림예술회

2014년 (사)동의난달의 산하 단체로 설립되어 시각장애, 청각장애 예술인들이 음악과 무용 분야에서 활동할 수 있도록 '빛고운 앙상블'과 '에파타(Ephatha) 춤노리'팀을 운영하고 있다.

홀트장애인합창단 영혼의 소리로

홀트일산복지타운이 운영하는 장애인합창단으로 1999년 창단 이래 500여 회의 국내외 공연을 통해 장애인 공연예술 분야를 선도하고 있으며 매년 가을에 정기 공연을 개최하고 있다.

희망새

2004년에 결성된 혼성 CCM 중창팀으로 시각과 지체장애인으로 구성되었으며 찾아가는 콘서트, 희망콘서트 등 공연 활동을 하고 있다.

희망이룸 오케스트라

장애인예술 활동을 목표로 2012년 창단한 경상남도 전문예술법인으로 지역사회에서 장애인과 비장애인이 함께 소통하는 연주회를 이어 가고 있다.

희망을 노래하는 사람들

2002년 창단하여 2008년 비영리단체로 등록하였다. 노래를 통해 장애인의 사회참여 기회를 확대하기 위한 사업을 추진하고 있다.

4. 무용

라루스

스페인어로 라(La)는 여성을 뜻하며, 루스(Luz)는 빛을 뜻한다. 라루스(LA Luz)는 여성의 빛이라는 뜻을 가지고 있는 여성시각장애인 플라멩코 무용단으로 2006년 결성하여 다채로운 문화행사에 참여하며 활발한 공연 활동을 하고 있다.

룩스빛아트컴퍼니

2009년 LUX-빛 무용단 설립을 시작으로, 한국의 전통무용 및 발레를 기반으로 시각장애인과 함께 어우러진 창작무용 공연을 실시해 오면서 창작무용 교육사업의 초석을 다져온 후 장애인예술에 기여하고자 비영리 사단법인 승인을 받았다.

케이 휠 댄스 프로젝트(K-Wheel Dance Project)

2015년 창립한 장애인무용단체로 휠체어를 사용하는 지체장애인과 청각장애인 무용수 그리고 비장애인 무용수와 함께 무용 작품을 창작하여 공연을 기획, 제작하고 있다.

탑스타(Top Star)

2003년 결성된 다운복지관 댄스동아리로 다운증후군 5명으로 구성되어 있는 댄스팀이다. 탑스타는 세계적인 팝핀현준의 재능기부에 따라 B-BOY, 스트릿 댄스 등 다양한 안무를 하나씩 배워 가며 실력을 뽐냈다.

필로스 장애인무용단(Philos Dance Company)

2007년에 창단한 장애인무용 단체로 장애아동과 청소년들에게 다양한 문화예술 활동의 기회를 제공하며, 전문적인 무용 교육과 공연 활동을 하고 있다.

한국장애인무용협회

무용을 기반으로 한 공연과 이를 위한 무용 교육 사업을 국내뿐만 아니라 국제교류 활동을 통해 무용으로 장애인예술 발전에 기여하고자 2020년에 설립하여 라라페스티벌과 정기 공연을 개최하며 2023년 서울시 사단법인 승인을 받았다.

한국장애인문화예술진흥개발원

장애인들의 예술적 재능을 발굴, 개발하여 진흥시키는데 목적을 두고 1996년 문화관광체육부 사단법인 설립 허가를 받은 후 비욘드예술단을 통해 장애인무용 공연을 하고 있다.

한국파릇하우스

한국파릇하우스는 2019년에는 대구광역시 사회적기업으로 지정받았고, 2020년에는 특수교육 치료제공기관과 장애인 인식개선 교육기관으로 사업을 실시하면서 파릇(PAROT)무용단은 장애예술인으로 구성된 전문 무용단으로 전국적인 공연을 하고 있다.

5. 연극/영화/연예

꿍따리 유랑단
클론의 강원래가 장애예술인들과 함께 2008년 결성한 공연단체이다. 법무부 요청을 받아 전국의 보호관찰소와 소년원을 돌며 공연을 하여 큰 호응을 받았다.

다빈나오
극단명 '다빈나오'는 "다 같이 빈 마음으로 나오시오! 다 빛나오!" 이런 의미로 2005년에 결성되어 대표작품 소리극 〈옥이〉를 배리어프리 공연으로 매년 무대에 올리고 있다. 단원들의 몸짓, 움직임, 표현, 호흡들로 하나의 콘텐츠를 만들어 작품성을 인정받고 있다.

라하프
발달장애인 뮤지컬 극단 라하프는 2016년에 창단되어 오디션을 통해 정기적으로 20세 이상의 발달장애인 단원들을 모집해, 매년 여름과 겨울, 정기 공연을 진행해 오고 있다.

멋진 친구들
2010년 창단된 발달장애인 연극단으로 통합사회 조성을 위한 장애이해교육 강사 활동 등 교육인형극과 연극 공연을 하고 있다.

비버DEAF예술단
청각장애인 언어인 수어와 농문화를 비장애인들에게 널리 알리고자 2005년 창단된 청각장애인 예술단으로 수어 공연 등을 선보여 왔으며, 매년 1회 정기 공연을 하고 있다.

보들극장(구. 스튜디오 뮤지컬)
2014년 장벽 없는 공연문화를 만들기 위해 설립한 주식회사로 예술교육을 통해 오디오극과 배리어프리 뮤지컬, 장애인 관객 맞춤 연극을 창작하여 공연하고 있다.

장애문화예술연구소 짓
장애를 가진 몸과 장애라는 정체성이 예술에 부여하는 함의를 이론적으로 탐색하는 연구

단체로 2013년 출발하여 연극 공연을 통해 장애인에 대한 메시지를 사회에 전달하고 있다.

장애인극단 애인

연극을 아끼고 사랑하는 사람들이 함께 모여 2007년에 만든 극단이다. 끼와 열정을 마음껏 발산하자는 취지로 창단된 애인은 장애인연극을 대표하는 극단으로 성장하였다.

장애인극단 판

장애인에 대한 다양한 문화예술 활동과 교육사업을 통해 장애인 주체의 창조적 역량을 만들어 내고 문화예술 영역에서의 장애인에 대한 문화적 권리와 평등권을 확보하기 위해 2008년 결성되었다.

장애인문화예술극회 휠

장애인 문제를 문화라는 콘텐츠로 표현하기 위해 2001년 연극 자조모임으로 시작하여 2008년 비영리 민간단체(서울시 문화예술과)로 등록하여 장애인문화예술극단으로 공연을 하고 있다.

청각장애인극단 난파

시립서대문농아인복지관에서 2009년 창단한 난파는 매년 단원을 바꿔 가며 수어 뮤지컬 공연을 하고 있다. 난파는 수어로 '난 할 수 있다'는 뜻이다.

춤추는 허리

장애여성들의 목소리를 연극을 통해 사회에 알리고자 2003년 결성하였다. 장애여성공감 소속으로 장애여성 당사자의 목소리를 연극을 통해 전달하고 있다.

k.수화뮤지컬예술단

1993년에 창립되어 예술성을 가진 청각, 언어 장애인들을 발굴하여 수어와 종합예술을 접목시켜 새로운 예술 장르를 개척하여 활동하는 예술단으로 국내외에서 공연하고 있다.

파라스타엔터테인먼트

2020년에 설립한 국내 최초 장애예술인 전문 엔터테인먼트사로 패럴림픽 선수, 배우, 모델,

댄서, 웹툰 작가 등 50여 명의 장애 아티스트들이 소속된 대중문화예술 기획사이다. 장애인이 등장하는 배리어프리 콘텐츠를 자체 제작하여 장애인 인식개선을 통해 장애와 비장애인의 연결 네트워크가 되고 있다.

한국장애인방송연기자협회

2009년 사단법인 허가를 받은 후 전문적인 방송아카데미로 인재발굴 및 양성과정을 통해 숨은 인재를 발굴하고 실력 있는 방송연예인으로 양성하여 장애인 스타를 배출하고 있다.

한국장애인표현예술연대

2007년 장애인이 문화예술을 통해 잠재력을 개발하기 위하여 조직한 후 미술과 무용을 기반으로 하는 공연 활동을 하고 있다.

행복한 인형극단

2006년 창단된 지적장애인 인형극단으로 현대인형극회를 통해 연기훈련을 받은 지적장애인들이 높은 수준의 인형극 무대를 선보이고 있다.

6. 종합

광주장애예술인협회

광주장애예술인협회는 장애예술인의 예술 주체 활동권과 예술권 확보를 목표로 삼고 2019년 광주장애예술인지원협회로 출범하여 2022년 사단법인 광주장애예술인협회로 승인받고, 창작 활동을 통한 다양한 문화콘텐츠로 역량을 넓혀 가고 있다.

드림온

문화예술 교육 · 훈련 및 정보를 제공하여, 장애인이 문화예술 분야에서 활동하고 향유할 수 있도록 지원한다. 또한 장애인들을 무용, 발레, 뮤지컬, 미술, 보컬, 연주 등 전문 예술인들과 매칭하여 장애인에게 문화예술 교육을 실시하고 있다.

무지개예술단

사단법인 무지개예술단은 2010년 설립하여 다양한 장르의 공연 팀으로 국내외 초청 공연을 하며 장애인예술을 대중화시키고 있다.

사운드플렉스스튜디오

2017년부터 연극, 무용, 관광 등 다양한 분야의 배리어프리 버전을 기획·제작하는 사운드 플렉스스튜디오를 설립하여 누구나 즐길 수 있는 콘텐츠들을 만들어 내고 있다.

아르크

사단법인 아르크는 문화예술 활동을 통해 모두가 평등하다는 정상화(normalization)의 환경을 구축하는 것을 목적으로 2011년 설립하였다.

어썸(AWESOME)

2017년 설립하여 장애예술인들의 모든 활동을 서로 응원하고 격려하며 함께 행복하고 기쁜 공연 봉사 활동을 지향하고 있다.

에이블아트

사단법인 에이블아트는 2009년 장애인의 문화권리 실현과 문화예술 활동을 지원할 목적으로 세워진 장애인 종합문화예술 공간으로 발달장애인을 대상으로 미술과 음악 교육을 실시하고 전시회와 공연 활동을 하고 있다.

춤추는 헬렌켈러

2013년 시각장애인의 탁월한 예술 가능성에 주목하여 설립된 명상교육과 공연예술 네트워크이다. 시각장애인의 춤과 노래, 연기와 연주로 공연을 하고 있다.

한국청각장애인예술협회

청각장애인을 문화문맹에서 문화예술의 창조자로 육성시키고, 풍부한 예술적 감성을 지닌 문화인으로 성장하도록 유도하며, 예술적 자질을 충분히 꽃피울 수 있도록 2002년 설립한 문화관광체육부 사단법인 단체이다.

핸드스피크

공연, 영상, 전시 등 수어 문화예술 콘텐츠를 기획 및 제작하여 농인 아티스트라는 새로운 일자리 창출의 가능성까지 보여 주었다. 농인이라는 이유로 문화생활에서 소외되지 않도록 하는 것이 목표이다.

7. 대표 단체 및 기관

(사)한국장애인문화예술단체총연합회 회원 단체인 11개 단체와 (재)한국장애인문화예술원을 대표 단체와 기관으로 소개한다.

국제장애인문화교류협회

장애인문화예술의 국내 및 국제 간의 교류를 주도하며 각종 장애인문화사업을 조성하여, 장애인문화발전에 기여하고자 1987년 창립하여 다양한 문화사업을 추진하고 있다.

꿈틔움

2011년 설립하여 장애인 및 사회적 소외계층의 다양한 문화 · 예술 · 체육 활동 참여를 통하여 장애인의 문화향유를 지원하고 있다.

빛된소리글로벌예술협회

2008년 문화융성의 시대를 맞아 장애인 문화예술을 하나의 경쟁력 있는 문화사업으로 발전시키고, 이바지하는 것을 목적으로 한다.

빛소리친구들

2006년 예술적인 재능을 가진 장애예술인의 역량을 개발하고, 지속적인 지원 프로그램과 교육을 제공하여 장애예술인들의 활동을 확장시켜 나갈 수 있는 사업을 하고 있다.

수레바퀴재활문화진흥회

2002년 장애인이 문화예술 활동에 능동적으로 참여하도록 함으로써 문화예술의 향수 기회를 제공하고 재활을 지원함을 목적으로 한다.

우리들의 눈

1996년, 본다는 것은 과연 무엇인가 라는 질문으로 시작하여 2001년에 사단법인 한국시각장애인예술협회로 등록하고 시각장애인 아트 프로그램인 '우리들의 눈'을 개발하여 시각장애인들에게 미술교육의 기회를 제공하고 다양한 문화 활동에 참여할 수 있도록 지원하고 있다.

한국장애인공연예술단

2010년 시각장애음악인으로 구성된 한빛예술단으로 출발하여 전문적인 연주 활동을 통해 장애인 공연예술을 발전시키고 장애인예술의 인재를 발굴 및 육성하면서 장애인 인식개선을 도모하고 나아가 문화선진국 건설에 기여하고 있다.

한국장애인문화협회

2003년 문화복지 프로그램들을 개발하여 장애인들을 비롯한 소외계층에 제공하고, 신체장애인들이 문화에서 권리를 확보할 수 있도록 다양한 사업을 하고 있다.

한국장애인미술협회

장애인미술가들의 창작 활동지원과 장애인미술가들의 권익 옹호를 위하여 1995년 창립되어 장애인미술 발전에 기여하였다.

한국장애인서예협회

2004년 서예 분야에 소질 및 자질을 갖춘 역량 있는 장애인 서예작가를 발굴하여 장애서예인의 전문 직업인으로의 도전의식과 비전을 제시하고 장애서예인의 창작 및 전시 활동과 등단을 지원하고 있다.

한국장애예술인협회

2013년 장애인예술의 주체인 장애예술인의 창작 활동 활성화와 권익 옹호를 위해 설립된 장애예술인 당사자 단체로 장애인예술의 대중화를 위한 홍보와 장애인예술 정책 마련을 위한 연구사업에 주력하고 있다.

한국장애인문화예술단체총연합회

2012년 문화체육관광부 산하 사단법인 장애인문화예술단체 11개 단체를 회원으로 설립한 장애인문화예술 연합 단체로 장애인문화예술축제와 대한민국장애인예술경연대회 스페셜k 등의 사업을 하고 있다.

한국장애인문화예술원

2015년 재단법인 한국장애인문화예술원을 설립하고, 그해 11월 서울 대학로에 장애인문화예술센터 '이음'을 개관하였고, 2023년 장애인예술전용인 모두예술극장을 개관하면서 우리나라 장애인문화예술사업을 총괄하고 있다.

〈표6〉 장애인문화예술단체 장르별 분포 현황

문학	미술	음악	무용	연예	종합	대표단체	총계
6	17	41	8	17	10	13	112

위 단체에 대한 자세한 정보는 한국장애예술인협회 홈페이지 → E사람 → 장애인예술단체에서 확인할 수 있다.

참고 문헌

김광명(2010), 「인간의 삶과 예술」, 서울: 학연문화사

김선규(2023), '장애인이 복지의 수혜 대상이 아닌 납세의무자로서의 페러다임의 전환이 필요하다', 기초생활수급장애인의 고용 확대를 위한 제도 개선 방안 토론회, 한국장애인노동조합총연맹

김채수(2014), 「예술론—표현은 존재의 본질」, 서울: 박이정

방귀희(2023), '장애예술과 장애인예술 용어 속 함의 탐색', 「장애인복지연구」, 제14권1호, pp205-227

방귀희 외 (2022), '장애예술인의 욕구에 기반한 장애예술인지원법 시행방안 연구', 한국장애학회.

방귀희(2021), '기초생활수급에 장애인의 가외소득 인정해야' 한겨레(2021-07-13)
https://www.hani.co.kr/arti/opinion/because/1003221.html

방귀희(2020), 「문화복지의 이해」, 서울: 솟대

방귀희(2019), 「장애인예술론」, 서울: 솟대

방귀희(2015), 「세계장애인물사」, 서울: 솟대

우주형(2023), '기초생활수급장애인의 고용 확대를 위한 제도개선방안', 기초생활수급 장애인의 고용 확대를 위한 제도개선방안 토론회, 한국장애인노동조합총연맹

유동철(2017), 「인권 관점에서 보는 장애인복지」, 서울: 학지사

정종은 · 최보연(2021), '장애예술단체 활성화 정책의 방향 모색: 영국의 정책 및 현장 사례를 중심으로', 「장애인복지연구」, 제12권 제2호, pp81~113

조혜정(2021), '장애인 운동선수로서 직장취업을 통해 가지게 되는 변화과정 탐색—근거이론을 중심으로', 부산대학교 교육대학원 체육교육전공 2021년 석사학위 논문.

조혜정 · 김대경 · 이현수(2022), 「한국체육학회지」 제61권 제2호, 한국체육학회, pp313-325

파블리나 R. 체르네바, 전용복 역, 「일자리보장」, 경기도: 진인진, 2021

한국장애예술인협회, 「E美지」, 13호(2019년 가을호) '장애인예술 일자리 가능하다'

한국장애인고용공단 부설 고용개발원(2022), '체육 분야 장애인 일자리 창출 사례'

제6차 장애인 고용촉진 기본계획(23~27), 고용노동부

제1차 장애예술인 문화예술 활동 지원 기본계획(22~26), 문화체육관광부

2022년 주요 기업의 사회적 가치 보고서, 전국경제인연합회

2022년 〈장애예술인수첩〉, 한국장애예술인협회

2021년 장애예술인문화예술활동실태조사, 한국문화관광연구원

2020년 장애인경제활동실태조사, 장애인고용개발원

2020년 장애인실태조사, 보건복지부

2018년 장애인문화예술활동실태조사, 한국문화관광연구원

2012년 장애문화예술인실태조사, 한국문화관광연구원

2007년 장애문화예술인실태조사, 한국장애인개발원

「근로기준법」

「부가가치세법」

「소득세법」

「예술인복지법」

「자본시장과 금융투자업에 관한 법률」

「장애예술인 문화예술 활동 지원에 관한 법률」

「장애인 고용촉진 및 직업재활법」

「장애인복지법」

「헌법」

대한장애인체육회 선수등록 시스템

포스코1%나눔재단 홈페이지

중외학술복지재단 홈페이지

한국장애예술인협회 홈페이지

한국장애인고용공단 홈페이지

정보공개포털

DARC-3
장애예술인 고용지원제도 연구

발 행 인 방귀희
주최/주관 장애인예술연구소
발 행 처 도서출판 솟대
발 행 일 2024년 1월 15일
주   소 (08504) 서울시 금천구 서부샛길606, 대성지식산업센터 B동 2506-2호
전   화 02-861-8848
팩   스 02-861-8849
홈페이지 www.emiji.net
이 메 일 klah1990@daum.net
정   가 9,000원

ISBN 979-11-985730-0-1 (93060)